Против такива неща няма закон

Плодът на Духа

Против такива неща няма закон

Д-р Джейрок Лий

Против такива неща няма закон от д-р Джейрок Лий
Издадена от Юрим букс (Представител: Sungnam Vin)
73, Шиндейбанг-донг 22, Донгджак-гу, Сеул Ю. Корея
www.urimbooks.com

Всички права запазени. Тази книга или части от нея не могат да бъдат възпроизвеждани в никаква форма, не могат да бъдат записвани във възпроизвеждаща система или предавани чрез електронни, механични, копирни или други видове средства без предварително писмено разрешение на издателя.

Освен ако не е изрично упоменато, всички цитати от Библията са взети от ревизираното издание на БИБЛИЯТА НА СЪВРЕМЕНЕН БЪЛГАРСКИ ЕЗИК на издателство „Верен," © 2000, 2001, използвани с разрешение.

Запазени права © 2020 от Д-р Джейрок Лий
ISBN: 979-11-263-0542-1 03230
Запазени права за превод © 2015 от Д-р Естер К. Чанг. Използван с разрешение.

Първо издание – февруари 2020 г.

Предишно издание на корейски език от Юрим букс, 2009 г.

Редакция Д-р Джюмсан Вин
Дизайн – Издателска къща Юрим букс
Печатна фирма Prione
За повече информация: urimbook@hotmail.com

*„А плодът на Духа е: любов,
радост, мир, дълготърпение, благост, милост,
милосърдие, вярност, кротост, себеобуздание;
против такива неща няма закон."*

Галатяни 5:22-23

Предговор

Християните добиват истинска свобода, когато получат плодовете на Светия Дух, против които няма закон.

Всички трябва да спазват определени правилници и наредби според съответните обстоятелства. Те ще изпитват обремененост и болка, ако имат чувството, че такива закони са като окови, които ги обвързват. Свободата не означава да търсят разпуснатост и безредие, само защото се чувстват обременени. След като си позволят такива неща, те ще изпитват само пустота и накрая ги очаква вечна смърт.

Истинската свобода означава да бъдем свободни от вечната смърт, от всички сълзи, мъка и болка. Тя означава също да контролираме първородната природа, която ни дава такива неща и да добием силата, за да ги покорим. Богът на любовта не иска да страдаме по никакъв начин и поради тази причина, Той е записал в Библията начините, по които да се радваме на вечен живот и на истинска свобода.

Престъпниците или нарушителите на закона в една държава се притесняват, когато виждат полицейски служители. От друга страна, хората, които спазват закона изцяло, не се чувстват по този начин, а винаги търсят полицията за помощ, с която се чувстват по-сигурни.

По същия начин, хората, които живеят в истината, не се страхуват от нищо и се радват на истинска свобода, защото разбират, че Божият закон е пътят за получаване на благословии. Те са способни да се радват на свободата, като китове, които плуват наоколо в океана и орли, които летят в небето.

Като цяло, законът на Бога може да се категоризира в четири групи. Той ни казва какви неща да правим, да не правим, да спазваме и да отхвърлим. С течение на времето, светът все повече е опетнен с грехове и злини и поради тази причина нарастващ брой хора намират Божия закон за обременителен и не го спазват. Хората на Израел по времето на Стария завет, страдали много, когато не спазвали Закона на Моисей.

Ето защо, Бог изпратил Исус на тази земя и освободил всички от проклятието на Закона. Безгрешният Исус умрял на кръста и всички, които вярват в Него, могат да бъдат спасени чрез вяра. Когато хората получат подаръка на Светия дух чрез приемането на Исус Христос, те стават деца на Бога и също могат да получат плодовете на Светия дух с Неговото ръководство.

Когато Светият дух дойде в сърцето ни, Той ни помага да разберем дълбоките неща на Бога и да живеем според Божието слово. Например, когато има някой, на когото не можем да простим, Той ни напомня за опрощението и любовта на Господ и ни помага да простим на този човек. Тогава ще отхвърлим бързо злото от нашето сърце и ще го заменим с милост и любов. По този начин, когато получим плодовете на Светия дух чрез ръководството Му, ние не само ще се радваме на свободата в истината, но и ще получим изобилна любов и благословии от Бога.

Чрез плода на Духа ще проверим до каква степен сме осветени, колко близо ще стигнем до Божия трон и в каква степен сме култивирали сърцето на Господ, който е нашият младоженец. Колкото повече плодове на Духа получим, на по-светло и по-красиво небесно обиталище ще отидем. За да отидем в Новия Ерусалим на Небето, трябва да получим всички плодове изцяло и красиво, а не само някои от тях.

Това произведение, *Против такива неща няма закон* Ви позволява да разберете лесно духовните значения на деветте плодове на Светия дух с конкретни примери. Заедно с Духовна любов в 1 Коринтяни 13 и Блаженствата в Матей 5, плодовете на Светия дух ни ръководят към правилна вяра, докато стигнем крайната дестинация на нашата вяра, Новия Ерусалим.

Благодаря на Джюмсан Вайн, директорът на издателската къща и персонала и се моля в името на Господ чрез тази книга да получите бързо деветте плодове на Светия дух, за да се радвате на истинска свобода и да станете жители на Новия Ерусалим.

Джейрок Лий

Въведение

Пътепоказател в нашето пътуване на вярата към Новия Ерусалим на Небето

Всички са ангажирани в този съвременен свят. Те работят и се мъчат, за да притежават и да се радват на много неща. Някои хора все още имат свои житейски цели, въпреки тенденцията на света, но дори и тези хора понякога се чудят дали наистина водят правилен живот. Тогава се вглеждат в живота си в миналото. В нашето пътуване на вярата, ние също ще израснем бързо и ще тръгнем по краткия път към небесното царство, когато проверяваме себе си с Божието слово.

Глава 1, „Да получим плода на Духа", обяснява за Светия дух, който съживява мъртвия дух, който умрял заради греха на Адам. В главата е записано, че ще получим обилно плодовете на Светия дух, когато следваме Неговите желания.

Глава 2, „Любов" ни казва какво представлява първият плод на Духа – „Любов." Тя ни представя също някои порочни форми на любов от прегрешението на Адам и ни показва начините за култивиране на любов, която удовлетворява Бога.

Глава 3, „Радост", гласи, че радостта е главният стандарт, с който да проверим дали вярата ни е правилна и обяснява причината да загубим радостта от първата любов. Тя ни казва за трите начина да получим плода на радостта, с който ще се радваме и ще бъдем удовлетворени във всякакви обстоятелства и ситуации.

Глава 4, „Мир", гласи, че е важно да разрушаваме стените от грях, за да имаме мир с Бога и че трябва да поддържаме мир със себе си и с всички останали. Тя ни позволява също да разберем значението на добрите думи и на разбирането на чуждата гледна точка в процеса на правенето на мир.

Глава 5, „Търпение" обяснява, че истинското търпение не означава само да потискаме неприятните чувства, а да бъдем търпеливи с добро сърце, което е свободно от злини и че ще постигнем големи благословии, когато имаме истински мир. Тя разглежда също трите вида търпение: търпение да променим сърцето си; търпение с хората; търпение спрямо Бога.

Глава 6, „Благост" ни учи какъв тип човек има благост с примера на Господ. Разглеждайки характеристиките на благостта, тя ни показва също с какво се различава от „любовта." На последно място, тя ни показва начин да приемем Божията любов и благословии.

Глава 7, „Милост" ни разказва за сърцето, изпълнено с милост, с примера за Господ, който не спори и не вика; смазана тръстика няма да пречупи и замъждял фитил няма да угаси. Също така различава милостта от други плодове, за да получим плода на милостта и да издаваме аромата на Христос.

Глава 8, „Вярност" ни учи за видовете благословии,

които получаваме, когато сме верни в целия дом на Бога. С примерите за Моисей и Йосиф, тя ни дава да разберем какъв вид човек е получил плода на вярността.

Глава 9, „Кротост" обяснява значението на кротостта според Бога и описва качествата на онези, които получават плода на кротостта. Тя описва четирите вида полета и какво трябва да направим, за да получим плода на кротостта. Накрая ни казва за благословиите за кротките.

Глава 10, „Себеобуздание" показва причината защо себеобузданието е посочено като последният сред деветте плода на Светия дух, както и значението му. Плодът на себеобуздание е задължителен, упражняващ контрол върху всички други осем плода на Светия дух.

Глава 11, „Против такива неща няма закон" е заключението на тази книга, което ни помага да разберем значението на следването на Светия дух и желае всички читатели бързо да станат хора на цялостен дух, с помощта на Светия дух.

Не бихме казали, че имаме голяма вяра, само защото сме били вярващи от дълго време или само защото имаме обширни познания за Библията. Мярката на вярата се определя според степента, в която сме променили сърцата си в сърца на истината и сме култивирали сърцето на Господ.

Надявам се всички читатели да бъдат в състояние да проверят своята вяра и да получат в изобилие деветте плода на Светия дух чрез Неговото ръководство.

Джюмсан Вайн
Директор на издателската къща

Съдържание
Против такива неща няма закон

Предговор · vii

Въведение · xi

Глава 1
Да получим плода на Духа   1

Глава 2
Любов   13

Глава 3
Радост   29

Глава 4
Мир   49

Глава 5
Търпение   69

Глава 6

Благост ... 89

Глава 7

Милост ... 107

Глава 8

Вярност ... 125

Глава 9

Кротост ... 145

Глава 10

Себеобуздание ... 169

Глава 11

Против такива неща няма закон ... 185

Галатяни 5:16-21

„Прочее, казвам: Ходете по Духа, и няма да угаждате на плътските страсти. Защото плътта силно желае противното на Духа, а Духът противното на плътта; понеже те се противят едно на друго, за да не можете да правите това, което искате. Но ако се водите от Духа, не сте под закон. А делата на плътта са явни; те са: блудство, нечистота, сладострастие, идолопоклонство, чародейство, вражди, разпри, ревнувания, ярости, партизанства, раздори, разцепления, зависти, пиянства, пирувания и тям подобни; за които ви предупреждавам, както ви и предупредих, че които вършат такива работи, няма да наследят Божието царство."

Глава 1

Да получим плода на Духа

Светият дух съживява мъртвия дух
Да получим плода на Духа
Желания на Светия дух и желания на плътта
Нека не се обезсърчаваме в извършването на добри дела

Да получим плода на Духа

Ако шофьорите можеха да карат надолу по изчистена магистрала, те щяха да намерят това за освежително. Въпреки това, ако се движат в този регион за първи път, пак трябва да проявят допълнителна грижа и внимание. Какъв е случаят, ако имат GPS навигационна система в колата? Ще имат подробна пътна информация и правилно ръководство, за да стигнат до тяхната дестинация без да се загубят.

Пътуването на вярата по нашия път към небесното царство е много подобно. Светият дух защитава и ръководи предварително онези, които вярват в Бога и живеят според Словото Му, за да избегнат много от препятствията и трудностите на живота. Светият дух ни ръководи по най-кратия и най-лесен път към нашата дестинация, небесното царство.

Светият дух съживява мъртвия дух

Първият човек, Адам, бил жив дух, когато Бог му дал форма и вдъхнал в ноздрите му дъха на живота. „Дъхът на живота" е „силата, съдържаща се в първоначалната светлина" и той бил предаден на потомците на Адам, докато живяли в Едемската градина.

Въпреки това, когато Адам и Ева извършили греха на неподчинението и били изгонени на тази земя, нещата вече не били същите. Бог отнел по-голяма част от дъха на живота от Адам и Ева и оставил само следа от него, и това е „семето на живота." Това семе на живота не може да бъде предадено от Адам и Ева на децата им.

Ето защо, в шестия месец на бременността, Бог поставя семето на живота в духа на бебето и го засажда в ядрото на клетка, която е в сърцето, представляващо централната част на човешкото същество. При хората, които не приемат Исус Христос, семето на живота остава неактивно, точно като семе, което е покрито от твърда черупка. Казваме, че духът е мъртъв, докато семето на живота не е активно. Докато духът е мъртъв, човек не може да получи вечен живот, нито да отиде на небесното царство.

След прегрешението на Адам, всички човешки същества били обречени на смърт. За да добият отново вечен живот, те трябва да получат опрощение на греховете си, които са първоначалната причина за смъртта и трябва да бъдат съживени мъртвите им духове. Поради тази причина, Бог на любовта изпратил Своя роден Син Исус на тази земя като изкупителна жертва и открил пътя към спасението. По-конкретно, Исус поел всички грехове на цялото човечество и умрял на кръста, за да съживи нашия мъртъв дух. Той станал пътя, истината и животът за всички хора, за да спечелят вечен живот.

Следователно, когато приемем Исус Христос като наш личен Спасител, греховете ни са простени; ставаме Божи деца и получаваме подаръка на Светия дух. Със силата на Светия дух, семето на живота, което останало спящо, покрито с твърда черупка, се събужда и става активно. Тогава се съживява мъртвият дух. По този въпрос Йоан 3:6 казва: „... *Роденото от плътта е плът, а роденото от Духа е дух.*" Семето, което е поникнало, ще порасне само, когато има вода и слънчева светлина. По същия начин, семето на живота трябва да е осигурено с духовна вода и светлина, за да порасне, след като поникне. По-конкретно, за да направим така, че нашият дух да порасне, трябва да научим Божието слово, което е духовна вода и да действаме според Божието слово, което е духовна светлина.

Светият дух, който дошъл в нашите сърца, ни позволява да научим за греха, праведността и присъдата. Той ни позволява да отхвърлим греховете и беззаконието и да живеем в праведност. Дава ни сила, за да мислим, говорим и действаме в истината. Помага ни също да водим живот с вяра и надежда за небесното царство и духът ни да израства добре. Нека да Ви дам един пример, за да разберете по-добре.

Представете си едно дете, което е отгледано в щастливо семейство. Един ден то отишло в планината и като видяло пейзажа, извикало: „Яхуу!" Тогава някой му отговорил по абсолютно същия начин, викайки: „Яхуу!" Изненадано, момчето попитало: „Кой си ти?" и другият повторил след него. Момчето се ядосало за това, че го имитирали и попитало „Да не би да се опитваш да ме предизвикаш на бой?" и някой повторил думите му. Изведнъж почувствало, че го наблюдават и се уплашил.

Излязъл бързо от планината и казал на майка си за това. Момчето казало: „Мамо, има едно лошо момче в планината." Майка му отговорила с лека усмивка: „Мисля, че това момче в планината е добро и може да ти бъде приятел. Защо утре не отидеш пак в планината и не кажеш, че съжаляваш?" На следващия ден, момчето се изкачило отново на върха на планината и извикало силно: „Съжалявам за вчера! Искаш ли да бъдеш мой приятел?" Отговорили му със същите думи.

Майката направила така, че малкият й син да разбере сам какво ставало. Светият дух ни помага в нашето пътуване на вярата като нежна майка.

Да получим плода на Духа

Посятото семе пониква, израства и разцъфтява, след това идва резултатът, който е плодът. По подобен начин, когато семето на живота в нас, което е засадено от Бога, напъпи чрез Светия дух, то израства и ражда плодовете на Светия дух. Въпреки това, не всеки, който е получил Светия дух, ражда плодовете на Светия дух. Можем да получим плода на Духа само, когато следваме ръководството на Светия дух.

Светият дух може да се сравни с енергиен генератор. При работа на генератора се създава електричество. Ако този генератор е свързан с електрическа крушка и доставя електричество, крушката ще светне. Тъмнината си отива, когато има светлина. По същия начин, когато Светият дух действа в нас, тъмнината в нас си отива, защото светлината идва в сърцето ни. Тогава ще получим плодовете на Светия дух.

Между другото, тук има един важен момент. Свързването на крушката с генератора няма да я накара да свети. Някой трябва да пусне генератора. Бог ни е дал генератора, наречен Свети дух и ние трябва да го пуснем.

За да пуснем генератора на Светия дух, трябва да сме бдителни и да се молим страстно. Трябва също да се подчиняваме на ръководството на Светия дух, за да следваме истината. Когато следваме ръководството и призива на Светия дух, казваме, че следваме желанията Му. Ще бъдем изпълнени със Светия дух, когато старателно следваме желанията на Светия дух и правейки това, сърцата ни ще бъдат променени с истината. Ще получим плодовете на Светия дух, когато получим пълнотата Му.

Плодовете на Светия дух започват да придобиват форма, когато отхвърлим всички греховни природи от нашето сърце и култивираме сърце на духа с помощта на Светия дух. Но така, както скоростта на съзряване и размерите на гроздовите зърна са различни на един и същи клон, някои плодове на Светия дух могат да бъдат напълно зрели, а други – не. Човек може да получи изобилно плода на любовта, докато неговият плод на себеобуздание не е съзрял достатъчно. Или неговият плод на верността може да е напълно зрял, докато плодът на кротостта не е.

Въпреки това, с течение на времето, всички гроздови зърна ще узреят изцяло и целият клон ще бъде пълен с големи, тъмно виолетови зърна. По подобен начин, ако получим изцяло плодовете на Светия дух, това означава, че сме станали хора на цялостен дух, които Бог желае да получи много. Такива хора ще издават аромата на Христос във всички аспекти на своя живот. Те ясно ще чуят гласа на Светия дух и ще покажат силата Му, за да възхваляват Бога. Тъй като изцяло приличат на Бога, те ще отговарят на условията да отидат в Новия Ерусалим, където е Божият трон.

Желания на Светия дух и желания на плътта

Когато се опитваме да следваме желанието на Светия дух, има друг вид желание, което ни смущава. Това е желанието на плътта. Желанията на плътта следват неистините, които са противоположни на Божието слово. Те ни карат да вземаме такива неща като похотта на плътта, похотта на очите и самохвалната гордост от живота. Те ни карат също да съгрешаваме и да извършваме неправедност и беззаконие.

Наскоро, един човек дойде при мен с молба да се помоля за него, за да престане да гледа неприлични материали. Той каза, че първият път не гледал тези неща, за да се наслаждава, а за да разбере как действат на хората. След като ги видял веднъж, той непрекъснато си спомнял за тези сцени и искал да ги гледа отново. Въпреки това, вътрешно Светият дух го призовавал да не го прави и той се чувстваше затруднен.

В този случай, сърцето му бе смутено чрез похотта на очите и по-конкретно нещата, които виждаше и чуваше със своите очи и уши. Ако ние не отхвърлим тази похот на плътта, а продължаваме да я приемаме, скоро ще получим неправедни неща два, три и четири пъти и броят им ще продължава да расте.

Поради тази причина Галатяни 5:16-18 гласи: *"Прочее, казвам: Ходете по Духа, и няма да угаждате на плътските страсти. Защото плътта силно желае противното на Духа, а Духът противното на плътта; понеже те се противят едно на друго, за да не можете да правите това, което искате. Но ако се водите от Духа, не сте под закон."*

От една страна, когато следваме желанията на Светия дух, ние имаме покой в сърцето и ще бъдем доволни, защото Светият дух се радва. От друга страна, ако следваме желанията на плътта, сърцата ни ще бъдат нещастни, защото Светият дух страда в нас. Също така, ще загубим пълнотата на Духа и ще стане още по-трудно да следваме желанията на Светия дух.

Павел говори за това в Римляни 7:22-24: *„Защото, колкото за вътрешното ми естество, аз се наслаждавам в Божия закон; но в телесните си части виждам различен закон, който воюва против закона на ума ми, и ме заробва под греховния закон, който е в частите ми. Окаян аз човек! Кой ще ме избави от тялото на тая смърт?"* Според това дали следваме желанията на Светия дух или тези на плътта, ще станем деца на Бога, които са спасени или деца на тъмнината, които тръгват по пътя на смъртта.

Галатяни 6:8 гласи: *„Защото, който сее за плътта си, от плътта си ще пожъне тление, а който сее за Духа, от Духа ще пожъне вечен живот."* Ако следваме желанията на плътта, ще извършваме само дела на плътта, които са грехове и беззаконие и накрая няма да отидем на Небесното царство (Галатяни 5:19-21). Ако следваме желанията на Светия дух, ще получим деветте плодове на Светия дух (Галатяни 5:22-23).

Нека не се обезсърчаваме в извършването на добри дела

Ние получаваме плода на Духа и ставаме истински деца на Бога до степента, в която действаме с вяра, следвайки Светия дух. Въпреки това, в човешкото сърце има истина и неистина. Сърцето на истината ни кара да следваме желанията на Светия дух и да живеем според Божието слово. Сърцето на неистината ни кара да следваме желанията на плътта и да живеем в тъмнина.

Например, да спазваме свещен Деня на Господ е една от десетте заповеди, които трябва да спазват Божите деца. Вярващият човек, който има магазин и притежава слаба вяра, ще изпитва конфликт в сърцето си, мислейки, че ще загуби от печалбата си, ако затваря магазина в неделя. В този случай, желанията на плътта ще го накарат да мисли: „Какво ще стане, ако затварям магазина през седмица? Или, какво ще стане ако аз посещавам сутрешната неделна служба, а съпругата ми посещава вечерната служба, за да се редуваме в магазина?" Желанията на Светия дух биха му помогнали да спазва Божието слово, като разбере следното: „Ако спазвам свещен Деня на Господ, Бог ще ми даде по-голяма печалба, отколкото ако отварям магазина в неделя."

Светият дух ни помага в нашата немощ и ходатайствува в нашите неизговорими стенания (Римляни 8:26). Когато спазваме истината, следвайки тази помощ на Светия дух, ще имаме покой в сърцето и вярата ни ще нараства ден след ден.

Божието слово, записано в Библията, е истината, която никога не се променя; това е самата милост. То дава вечен живот на Божите деца и то е светлината, която ги ръководи, за да се радват на вечно щастие и радост. Божите деца, които са ръководени от Светия дух, трябва да разпънат на кръст плътта, заедно със своята страст и желания. Те трябва също да следват желанията на Светия дух според Божието слово и да не се обезсърчават в извършването на добро.

Матей 12:35 гласи: *„Добрият човек от доброто си съкровище изважда добри неща; а злият човек от злото си съкровище изважда зли неща."* Ето защо, трябва да отхвърлим злото от нашето сърце като се молим страстно и продължаваме да натрупваме добри дела.

Галатяни 5:13-15 гласи: *„Защото вие, братя, на свобода бяхте призовани; само не употребявайте свободата си като повод за угаждане на плътта, но с любов служете си един на друг. Защото целият закон се изпълнява в една дума, сиреч, в тая Да обичаш ближния си както себе си. Но ако се хапете и се ядете един друг, пазете се да не би един друг да се изтребите"* и Галатяни 6:1-2 гласи: *„Братя, даже ако падне човек в някое прегрешение, вие духовните поправяйте такъв с кротък дух; но всекиму казвам: Пази себе си, да не би ти да бъдеш изкушен. Един другиму тегобите си носете, и така изпълнявайте Христовия закон."*

Когато следваме тези думи на Бога, както по-горе, ще получим плода на Духа в изобилие и ще станем хора на духа и на цялостен дух. Тогава ще получим всичко, което искаме в нашата молитва и ще отидем в Новия Ерусалим на вечното небесно царство.

1 Йоаново 4:7-8

„Възлюбени, да любим един другиго, защото любовта е от Бога; и всеки, който люби, роден е от Бога и познава Бога. Който не люби, не е познал Бога; защото Бог е любов."

Глава 2

Любов

Най-високото ниво на духовната любов
Плътската любов се променя с времето
Духовната любов дава собствен живот
Истинска любов към Бога
С цел да получим плода на любовта

Любов

Любовта е по-могъща, отколкото могат да си представят хората. Със силата на любовта ще спасим онези, които са пренебрегнати от Бога и вървят по пътя на смъртта. Любовта ще им даде нова сила и подкрепа. Ако покрием грешките на другите хора със силата на любовта, ще се случат удивителни промени и ще се получат големи благословии, защото Бог действа с милост, любов, истина и справедливост.

Един екип за социологически проучвания направил изследване на 200 студенти, които живяли сред обеднелите околности на град Балтимор. Екипът заключил, че тези студенти имали малък шанс и малка надежда за успех. 25 години по-късно, направили последващо проучване на същите студенти и резултатът бил удивителен. 176 от 200 станали успешни в обществото хора, като адвокати, лекари, проповедници или бизнесмени. Разбира се, изследователите ги попитали как били способни да преодолеят неблагоприятната среда, в която се намирали и те всички споменали името на един учител. Попитали този учител как успял да постигне такава удивителна промяна и той отговорил: „Аз просто ги обичах и те го знаеха."

Какво е любовта, първият плод от деветте плодове на Светия дух?

Най-високото ниво на духовната любов

Като цяло, любовта може да бъде разделена на плътска и духовна любов. Плътската любов търси собствената изгода.

Това е безсмислена любов, която ще се промени с течение на времето. Духовната любов търси ползата за другите и никога не се променя в никаква ситуация. 1 Коринтяни 13 обяснява подробно за тази духовна любов.

> *„Любовта дълго търпи и е милостива; любовта не завижда; любовта не се превъзнася, не се гордее, не безобразничи, не търси своето, не се раздразнява, не държи сметка за зло, не се радва на неправдата, а се радва заедно с истината, всичко премълчава, на всичко хваща вяра, на всичко се надява, всичко търпи"* (стихове 4-7).

По какво се различава плодът на любовта в Галатяни 5 и духовната любов в 1 Коринтяни 13? Любовта като плод на Светия дух включва пожертвувателна любов, с която човек е способен да отдаде собствения си живот. Това е любов на по-високо равнище от любовта в 1 Коринтяни 13. Това е най-високото ниво на духовната любов.

Ако получим плода на любовта и сме способни да пожертваме живота си за другите, ще обичаме всичко и всички. Бог ни обичал с всичко и Господ ни обичал с целия Си живот. Ако имаме тази любов в нас, ще пожертваме нашия живот за Бога, Неговото царство и Неговата праведност. Освен това, тъй като обичаме Бога, ще имаме също най-високото равнище на любовта, за да дадем живота си не само за другите братя, но дори и за враговете, които ни мразят.

1 Йоаново 4:20-21 гласи: *„Ако рече някой: Любя Бога, а*

мразя брата си, той е лъжец; защото, който не люби брата си, когото е видял, не може да люби Бога, Когото не е видял. И тая заповед имаме от Него: Който люби Бога, да люби и брата си." По този начин, ако обичаме Бога, ще обичаме всички. Ако казваме, че обичаме Бога, докато мразим някого, това е лъжа.

Плътската любов се променя с времето

Когато Бог създал първия човек, Адам, Бог го обичал с духовна любов. Той създал красива градина на изток в Рая и му позволил да живее там, без нищо да му липсва. Бог вървял с него. Бог му дал не само Едемската градина, която била чудесно място за живеене, но също и властта да покорява и да управлява над всичко на тази земя.

Бог дал на Адам изобилна духовна любов. Въпреки това, Адам не бил способен да почувства истински Божията любов. Адам никога не изпитвал омраза или плътска любов, която се променя, затова не осъзнавал колко ценна е Божията любов. След като минало дълго, дълго време, Адам бил изкушен чрез змията и не се подчинил на Божието слово. Той ял от плода, който Бог забранил (Битие 2:17; 3:1-6).

В резултат на това, сърцето на Адам било обзето от грях и той станал човек от плът, който повече не бил способен да общува с Бога. Бог не можел повече да го остави да живее в Едемската градина и той бил изгонен на тази земя. Докато преминавали през културвацията на човечеството (Битие 3:23), всички човешки същества, които са потомци на Адам, научили и изпитали относителността като почувствали противоположните неща на любовта, известна в Рая, като омраза, завист, болка, скръб, болест и нараняване. Междувременно, те се отдалечавали все повече от духовната любов. Тъй като сърцата им станали сърца на плътта, заради греховете, любовта им станала плътска любов.

Толкова много време е изминало от прегрешението на Адам и днес е още по-трудно да намерим духовна любов в този свят. Хората изразяват своята любов по много начини, но тяхната любов е само плътска любов, която се променя с времето. С течение на времето и с промяната на ситуациите и условията, те променят своето мислене и предават любимите си, следвайки собствената изгода. Те отдават само, когато другият отдаде първи или когато е изгодно за тях. Плътска любов е също, ако искаш да получиш обратно толкова, колкото си дал или ако се разочароваш, когато другите не ти отвръщат, както искаш или очакваш.

Когато един мъж и една жена излизат заедно, те казват „че ще се обичат завинаги" и че „не могат да живеят един без друг." Въпреки това, в много случаи променят мнението си след брака. С течение на времето започват да виждат нещо, което не харесват в съпруга/та си. В миналото всичко изглеждало добре и те се опитвали да задоволят другия човек във всички неща, но вече не били способни да го правят. Те се сърдят или създават проблеми един на друг. Разстройват се, ако другият не прави това, което искат. Само преди няколко десетилетия, разводът беше рядкост, но сега става много лесно и скоро след него, голям брой хора отново сключват брак. Въпреки това, те всеки път казват, че обичат другия човек истински. Това е типично за плътската любов.

Любовта между родителите и децата не е много различна. Разбира се, някои родители биха дали живота си за своите деца, но дори и да го направят, това не е духовна любов, ако я отдават само на собствените си деца. Ако имаме духовна любов, ще я отдадем не само на собствените ни деца, а на всички. Тъй като светът става все по-лош, рядкост е да намерим родители, които са способни да пожертват живота си дори за собствените им деца. Много родители и деца изпитват враждебност заради парична облага или заради различия в мнението.

Какво да кажем за любовта между братя, сестри или приятели? Много братя стават като врагове, ако участват в парични въпроси. Същото се случва по-често сред приятели. Те се обичат взаимно, когато нещата вървят добре и когато са съгласни за нещо. Въпреки това, любовта им може да се промени по всяко време, ако нещата станат различни. Също така, в повечето случаи, хората искат да получат обратно толкова, колкото са дали. Когато са много влюбени, те дават без да очакват нищо в замяна. С охлаждане на страстите им, те съжаляват за факта, че са дали, но не са получили нищо в замяна. Това означава, че в крайна сметка са искали да получат нещо. Този вид любов е плътска любов.

Духовната любов дава собствен живот

Трогателно е, когато някой отдава собствения си живот, но

ако знаем, че трябва да отдадем живота си за някой друг, за нас ще бъде трудно да го обичаме. По този начин човешката любов е ограничена.

Един цар имал прекрасен син. В неговото царство имало един прословут убиец, който бил осъден на смърт. Единственият начин за този осъден да живее бил някой невинен да умре вместо него. Може ли този цар да позволи неговият невинен син да умре за убиеца? Такова нещо никога не се е случило в цялата история на човечеството. Въпреки това, Създателят Бог, който не може да се сравнява с никой цар на тази земя, дал Своя роден Син за нас. Той ни обича толкова много (Римляни 5:8).

Заради греха на Адам, цялото човечество тръгнало по пътя на смъртта, за да плати цената за греха. За да спаси хората и да ги поведе към Небето, трябвало да бъде разрешен техният проблем с греха. За да разреши този проблем с греха, който стоял между Бог и човечеството, Бог изпратил Своя единствен роден Син Исус, за да плати цената за греха им.

Галатяни 3:13 гласи: *„Проклет всеки, който виси на дърво."* Исус бил разпънат на дървен кръст, за да ни освободи от проклятието на закона, който гласи: *„Защото заплатата на греха е смърт"* (Римляни 6:23). Също така, няма опрощение без проливане на кръв (Евреи 9:22) и затова Той пролял Своята вода и кръв. Исус получил наказанията вместо нас и всеки, който вярва в Него, ще получи опрощение за греховете си и вечен живот.

Бог знаел, че грешниците щели да преследват, да се подиграват и накрая да разпънат Исус, който е Синът на Бога.

Въпреки това, за да спасят греховната човешка раса, която била обречена на вечна смърт, Бог изпратил Исус на тази земя.

1 Йоаново 4:9-10 гласи: *"В това се яви Божията любов към нас, че Бог изпрати на света Своя единороден Син, за да живеем чрез Него. В това се състои любовта, не че ние сме възлюбили Бога, но че Той възлюби нас и прати Сина Си като умилостивение за греховете ни."*

Бог потвърдил Неговата любов към нас като отдал Своя роден Син Исус да бъде разпънат на кръста. Исус показал Неговата любов, жертвайки Себе си на кръста, за да изкупи хората от греховете им. Тази любов на Бога, представена чрез отдаването на Неговия Син, е вечната неизменна любов, която отдава собствения живот, дори до последната капка кръв.

Истинска любов към Бога

Можем ли и ние да притежаваме такова равнище на любовта? 1 Йоаново 4:7-8 гласи: *"Възлюбени, да любим един другиго, защото любовта е от Бога; и всеки, който люби, роден е от Бога и познава Бога. Който не люби, не е познал Бога; защото Бог е любов."*

Ако знаем не просто като знание, а дълбоко почувстваме в сърцето си вида любов, която Бог ни е дал, ние естествено ще обичаме Бог истински. Възможно е в нашия християнски живот да срещнем изпитания, които са трудни за понасяне или да се намираме в ситуация, в която да загубим всички ценни за нас притежания и неща. Дори и в тези ситуации, сърцата ни изобщо няма да бъдат разтърсени, докато имаме истинска любов в нас.

Почти загубих и трите си ценни дъщери. Преди повече от 30 години в Корея, повечето хора използваха каменни въглища за отопление. Въглеродният моноксиден газ от въглищата често причиняваше инциденти. Това бе непосредствено след откриване на църквата и жилището ми се намираше в мазето на църковната сграда. Трите ми дъщери, заедно с един младеж се отровиха с въглероден моноксиден газ. Цяла нощ бяха вдишвали газта и изглежда нямаше надежда да се оправят.

Виждайки дъщерите ми, изпаднали в безсъзнание, не изпитвах скръб или огорчение. Бях единствено благодарен, мислейки, че щяха да живеят спокойно на красивото Небе, където няма сълзи, скръб или болка. Младият мъж беше обикновен член на църквата и аз помолих Бог да го съживи, за да не опозори Бог. Положих ръцете си върху младежа и се молих за него. След това се помолих за третата ми и най-млада дъщеря. Докато се молих за нея, младият човек дойде в съзнание. Докато се молих за втората ми дъщеря, третата се събуди. Скоро, втората и третата ми дъщеря дойдоха в съзнание. Те не изпитаха никакви странични ефекти и са здрави до ден днешен. И трите проповядват като пастори в църквата.

Ако обичаме Бога, любовта ни никога няма да се промени в никаква ситуация. Вече сме получили Неговата любов, жертвайки Своя единствен роден Син и затова нямаме никаква причина да се възмущаваме или съмняваме в Неговата любов. Можем само неизменно да Го обичаме, да вярваме на любовта Му изцяло и да Му бъдем верни с живота си.

Това отношение няма да се промени, когато се грижим също за други души. 1 Йоаново 3:16 гласи: „*От това познаваме любовта, че Той даде живота Си за нас. Така и ние сме длъжни да дадем живота си за братята.*" Ако култивираме истинска любов към Бога, ще обичаме нашите братя с истинска любов. Това означава, че няма да имаме желание да търсим собствената полза и ще дадем всичко, което имаме, без да искаме нищо в замяна. Ще пожертваме себе си с чисти мотиви и ще дадем всичките си притежания за другите.

Преминах през многобройни изпитания, докато вървях по пътя на вярата до този ден. Бях предаден от хората, които получиха много неща от мен или които считах за мои близки. Понякога хората не ме разбираха и ме сочеха с пръст.

Въпреки това, аз се отнасях с тях с милост. Оставих всичко в ръцете на Бога и се молих да прости на тези хора с Неговата любов и състрадание. Не мразех дори онези хора, които причиниха големи трудности за църквата и напуснаха. Исках само да се разкаят и да се върнат. Тези хора извършиха много зли неща и това ми причини големи изпитания. Въпреки всичко, аз се отнасях с тях само с милост, защото вярвах, че Бог ме обича и защото аз ги обичах с любовта на Бога.

С цел да получим плода на любовта

Ще получим плода на любовта изцяло според степента, в която осветяваме сърцата си, като отхвърлим греховете, злото и беззаконието от сърцата ни. Истинската любов ще излезе от сърце, което е свободно от зло. Ако притежаваме истинска любов, ще даваме на другите мир през цялото време и никога няма да им създаваме трудности или да ги натоварваме. Също така, ще разбираме сърцата на другите и ще им служим. Ще бъдем способни да им дадем радост и да им помогнем, за да преуспяват душите им и да се увеличи Божието царство.

В Библията виждаме какъв вид любов са култивирали бащите на вярата. Моисей обичал своите хора, израилтяните, толкова много, че искал да ги спаси, дори и това да означавало името му да бъде изтрито от книгата на живота (Изход 32:32).

Апостол Павел също обичал Господ с неизменно сърце от времето, когато Го срещнал. Той станал апостол на езичниците, спасил много души и основал църкви чрез своите три мисионерски пътувания. Въпреки че пътят му бил изтощителен и изпълнен с опасност, той проповядвал Исус Христос, докато не умрял мъченически в Рим.

Непрекъснато имало заплахи за живота, преследвания и смущения от евреите. Той бил бит и захвърлен в затвора. Захвърлен бил в морето за една нощ и един ден след корабокрушение. Въпреки това, никога не съжалил за пътя, който избрал. Вместо да се грижи за себе си, той се тревожил за църквата и за вярващите, дори и когато преминавал през множество затруднения.

Той изразил чувствата си в 2 Коринтяни 11:28-29, който

гласи: *„И, освен другите неща, които не споменавам, има и това, което тежи върху мене всеки ден, грижата за всичките църкви. Кой изнемощява, без да изнемощявам и аз? Кой се съблазнява без да се разпалям аз?"*

Апостол Павел не пощадил дори живота си, защото имал изгаряща любов към душите. Неговата голяма любов е изразена добре в Римляни 9:3. Записано е: *„Защото бих желал сам аз да съм анатема от Христа, заради моите братя, моите по плът роднини."* Тук „роднини" не означава членове на семейството или близки. Това се отнася за всички евреи, включително онези, които го преследвали.

Той по-скоро би отишъл в Ада на тяхно място, само ако това можело да ги спаси. Това е видът любов, която притежавал. Също така, както е записано в Йоан 15:13: *„Никой няма по-голяма любов от това щото да даде живота си за приятелите си",* апостол Павел доказал неговото най-високо равнище на любовта като станал мъченик.

Някои хора казват, че обичат Господ, но не обичат своите братя във вярата. Тези братя дори не са техни врагове и не искат живота им. Въпреки това, те имат конфликти и таят неприятни чувства един против друг за банални неща. Дори и когато извършват Божието дело, те изпитват негативни чувства, когато мненията и се различават. Някои хора са безчувствени за другите, чиито духове чезнат и умират. Можем ли да кажем тогава, че тези хора обичат Бог?

Един път проповядвах пред цялото паство. Казах: „Ако

мога да спася хиляда души, аз съм готов да отида в Ада вместо тях." Разбира се, много добре зная какъв вид място е Адът. Никога няма да направя нещо, което да ме накара да отида в Ада. Но ако мога да спася онези души, които попадат в Ада, аз съм готов да отида там вместо тях.

Възможно е тези хиляда души да включват някои от членовете на нашата църква. Това ще бъдат църковни лидери или членове, които не избират истината, а вървят по пътя на смъртта, дори и след като чуят словото на истината и станат свидетели на могъщите дела на Бога. Също така, те могат да бъдат онези хора, които преследват нашата църква с техните погрешни разбирания и ревност. Могат да бъдат също някои бедни души в Африка, които умират от глад заради граждански войни, мизерия и бедност.

Така, както Исус умрял за мен, аз също съм готов да дам живота си за тях. Това не е защото ги обичам като част от моето задължение, само защото Божието слово гласи, че трябва да обичаме. Отдавам целия си живот и енергия ден след ден, за да ги спася, защото ги обичам повече от живота си и не само с думи. Давам целия си живот, защото знам, че това е най-голямото желание на Бащата Бог, който ме обича.

Сърцето ми е изпълнено с такива мисли като: „Как да проповядвам евангелието на повече места?", „Как да покажа по-големи дела на Божията сила, за да повярват повече хора?, „Как да ги накарам да разберат безсмислеността на този свят и да ги ръководя, за да отидат на небесното царство?"

Нека отново да се вгледаме в себе си, за да видим колко много Божия любов е запечатана в нас. Това е любовта, с която Той отдал живота на Неговия единствен роден Син.

Ако сме изпълнени с Неговата любов, ние ще обичаме Бога и душите от все сърце. Това е истинска любов. Ако култивираме изцяло тази любов, ще бъдем способни да отидем в Новия Ерусалим, който е кристалоид на любовта. Надявам се всички вие да споделяте вечна любов с Бащата Бог и Господ там.

Филипяни 4:4

„Радвайте се всякога в Господа;

пак ще кажа: Радвайте се."

Глава 3

Радост

Плодът на радостта
Причините за изчезване на радостта от първата любов
Когато се ражда духовната радост
Ако искате да получите плода на радостта
Скръб, дори когато сте получили плода на радостта
Бъдете положителни и следвайте милостта във всички неща

Радост

Смехът облекчава стреса, гнева и напрежението, следователно допринася за предотвратяването на сърдечен пристъп и внезапна смърт. Също така, той подобрява имунитета на тялото и има положителни ефекти за предотвратяване на инфекции като грип или дори такива болести като рак и заболявания, свързани с начина на живот. Смехът определено има много положителни ефекти върху нашето здраве и Бог също ни казва да се радваме винаги. Някой може да попита: „Как да се радвам, когато нямам причина за това?" Хората на вярата винаги могат да се радват в Господ, защото вярват, че Бог ще им помогне в трудностите и накрая ще бъдат поведени към небесното царство, където има вечна радост.

Плодът на радостта

Радостта е „интензивно и изключително възторжено или ликуващо щастие." Духовната радост, въпреки това, не означава само да бъдем изключително щастливи. Дори невярващите ликуват, когато нещата са добре, но това е само временно. Радостта им изчезва, когато нещата станат трудни. Ако получим плода на радостта в сърцата си, ще бъдем способни да се радваме и да бъдем доволни във всякакъв вид ситуация.

1 Солунци 5:16-18 гласи: „*Винаги се радвайте. Непрестанно се молете. За всичко благодарете, защото това е Божията воля за вас в Христа Исуса.*" Духовната радост означава винаги да се радваме и да благодарим във

всички обстоятелства. Радостта е една от най-очевидните и ясни характеристики, с която да измерим и да проверим какъв вид християнски живот водим.

Някои вярващи вървят по пътя на Господ с радост и щастие през цялото време, докато други не изпитват истинска радост и благодарност в сърцата си, макар и да се стараят много в своята вяра. Те посещават религиозни служби, молят се и изпълняват църковните си задължения, но извършват всички тези дейности с равнодушно спазване. Ако срещнат един проблем, те изгубват малкото мир, който са имали и сърцата им се разтърсват от нервност.

Когато имате проблем, който не сте способни да разрешите със собствени сили, тогава трябва да проверите дали наистина се радвате от все сърце. В подобна ситуация, защо не се погледнете в огледалото? Това е също начин да проверите в каква степен сте получили плода на радостта. В действителност, само благоволението на Исус Христос, който ни спасил чрез Неговата кръв, е достатъчно условие, за да се радваме винаги. Ние сме били обречени да попаднем във вечния огън на Ада, но чрез кръвта на Исус Христос сме станали способни да отидем на небесното царство, изпълнено с щастие и мир. Този факт е достатъчен, за да ни даде неописуемо щастие.

В каква степен се радвали синовете на Израел след Изхода, когато пресекли Червено море, сякаш е суха земя и се освободили от египетската армия, която ги преследвала? Изпълнени с щастие, жените танцували с тъпанчета и всички възхвалявали Бога (Изход 15:19-20).

По подобен начин, когато човек приеме Господ, той изпитва неописуема радост за това, че е спасен и винаги може да пее възхваляващи песни, дори и да е изморен след ден, изпълнен с тежък труд. Дори и да е преследван в името на Господ или да страда от безпричинна трудност, той просто е щастлив, мислейки за небесното царство. Той скоро ще получи изцяло плода на радостта, ако тази радост се поддържа винаги и напълно.

Причините за изчезване на радостта от първата любов

В действителност, малко хора запазват радостта от тяхната първа любов. Понякога, след като приемат Господ, радостта изчезва и не изпитват същите чувства за милостта за спасението. В миналото, те били просто щастливи, дори и в трудности, мислейки за Господ, но по-късно започват да въздишат и да се оплакват, когато нещата се влошават. Същото е със синовете на Израел, които много бързо забравили за радостта, която изпитвали, пресичайки Червено море и след малко затруднения, започнали да се оплакват от Бога и да се противопоставят на Моисей.

Защо хората се променят по този начин? Това е, защото имат плът в сърцата си. Плътта тук има духовно значение. Тя се отнася за характеристиките или качествата, които са противоположни на духа. „Дух" е нещо, което принадлежи на Създателя Бог, което е красиво и неизменно, докато „плът" означават характеристиките на нещата, които са отделени от Бога. Това са нещата, които ще загинат, ще се покварят и ще изчезнат. Следователно, всички видове грехове като беззаконие, неправедност и неистина, са плът. Онези, които имат такива качества на плътта, ще загубят своята радост, която някога изпълвала изцяло сърцата им. Също така, те имат променлива същност, затова врагът дявол и Сатаната се опитват да предизвикат неблагоприятни ситуации, възбуждайки тази променлива природа.

Апостол Павел бил бит и захвърлен в затвора, докато проповядвал евангелието. Въпреки това, докато се молил и възхвалявал Бога, без да се тревожи за нищо, станало голямо земетресение и вратите на затвора се отворили. По-нататък, чрез тази случка, той покръстил много невярващи. Той не загубил своята радост в никакви трудности и съветвал вярващите: *„Радвайте се всякога в Господа; пак ще кажа: Радвайте се! Вашата кротост да бъде позната на всичките човеци Господ е близо. Не се безпокойте за нищо; но във всяко нещо, с молитва и молба изказвайте прошенията си на Бога с благодарение"* (Филипяни 4:4-6).

Когато сте в страшна ситуация, сякаш се държите за ръба на скалата, защо не отправите молитва на благодарност, като апостол Павел? Бог ще бъде доволен от Вашата проява на вяра и ще действа за добро във всичко.

Когато се ражда духовната радост

Давид се бил на бойните полета за своята държава още от

младини. Той служил похвално в множество различни войни. Когато цар Саул страдал от зли духове, той свирил на арфа, за да го успокои. Никога на нарушил нито една царска заповед. Въпреки това, цар Саул не бил благодарен за службата на Давид и в действителност го мразил, защото му завиждал. Давид бил обичан от хората, затова Саул се страхувал за трона си и го преследвал с неговата войска, за да го убие.

В такава ситуация, Давид очевидно трябвало да избяга от Саул. Веднъж, за да спаси живота си в чужда страна, той трябвало да се лигави, преструвайки се на луд. Как бихте се чувствали Вие, ако бяхте на негово място? Давид никога не бил тъжен и винаги се радвал. Той проповядвал своята вяра в Бога с красив псалм.

„Господ е Пастир мой; Няма да остана в нужда.
На зелени пасбища ме успокоява;
При тихи води ме завежда.
Освежава душата ми;
Води ме през прави пътеки
заради името Си.
Дори и ако ходя
в долината на мрачната сянка,
Няма да се уплаша от зло, защото Ти си с мене;
Твоят жезъл и Твоята тояга, те ме утешават.
Приготвяш пред мене трапеза
в присъствието на неприятелите ми;
Помазал си с миро главата ми; чашата ми се прелива.
Наистина благост и милост ще ме следват
През всичките дни на живота ми,

И аз ще живея за винаги в дома ГОСПОДЕН"
(Псалми 23:1-6).

Действителността била като трънлива пътека, но Давид имал нещо велико в себе си. Това била неговата изгаряща любов и неизменно доверие в Бога. Нищо не можело да отнеме любовта му, произлизаща дълбоко в сърцето му. Давид определено бил човек, който получил плода на радостта.

За около четиридесет и една години, откакто приех Господ, аз никога не съм загубвал радостта от моята първа любов. Все още живея всеки ден с благодарност. Страдах от много болести в продължение на седем години, но Божията сила ме излекува от всички тях наведнъж. Веднага станах християнин и започнах да работя на строителни обекти. Имах възможност да получа по-добра работа, но избрах да извършвам тежкия труд, защото това бе единственият начин за мен да спазвам свещен деня на Господ.

Всяка сутрин ставах в четири часа и посещавах молитвените служби на разсъмване. След това отивах на работа, като си носих обяд. Трябваше ми около час и половина с автобус, за да стигна в работата. Налагаше се да работя от сутрин до вечер, без да имам достатъчно почивка. Това наистина беше тежък труд. Никога преди това не бях извършвал физическа работа и отгоре на всичко, бях болен дълги години, затова не бе лесна работа за мен.

Връщах се от работа в около десет часа вечерта. Бързо се измивах, вечерях, четях Библията и се молих преди да отида да спя в полунощ. Жена ми също работеше като амбулантен търговец, за да припечелва, но за нас беше трудно да изплатим дори лихвите по заема, който бяхме натрупали в периода на моето боледуване. Буквално, едвам свързвахме двата края. Въпреки че се намирахме в много трудна финансова ситуация, сърцето ми бе изпълнено с радост и аз проповядвах евангелието винаги, когато имах възможност.

Аз казвах: „Бог е жив! Вижте ме! Очаквах единствено смъртта, но се излекувах напълно с Божията сила и оздравях!"

Действителността беше трудна и финансово предизвикателна, но аз винаги бях благодарен за любовта на Бога, който ме спаси от смъртта. Сърцето ми също бе изпълнено с надежда за Небето. След като получих Божия призив да стана пастор, аз изстрадах много несправедливи трудности и неща, които човек не би могъл да понесе, но моята радост и благодарност никога не се охладиха.

Как беше възможно? Това е възможно, защото благодарността на сърцата поражда още повече благодарност. Винаги търся нещата, за които да благодаря и отправям молитви с благодарност на Бога. Освен молитви на благодарност, аз с удоволствие отдавам благодарствени дарения на Бога. Освен даренията на благодарност, които представям на Бога на всяка религиозна служба, аз старателно отдавам благодарствени дарения на Бога за други неща. Отдавам благодарност за църковните членове, които израстват във вярата; за това, че ми позволява да възхвалявам Бога чрез мащабни международни мисии; за това, че позволява израстването на църквата и т. н. Радвам се да търся условия, в които да благодаря.

Ето защо, Бог непрекъснато ми дава благословии и благоволение, за да мога да продължа да благодаря. Ако аз отдавах благодарности само, когато нещата вървяха добре и не благодарях, а се оплаквах, когато вървяха зле, нямаше да имам щастието, на което се радвам сега.

Ако искате да получите плода на радостта

Първо, трябва да отхвърлите плътта.

Ако не изпитваме завист или ревност, ще се радваме, когато другите са оценени или благословени, сякаш ние сме били оценени и благословени. От друга страна, ще ни бъде трудно да гледаме благополучието на другите, ако изпитваме ревност и завист. Възможно е да бъдем нещастни заради другите, да загубим радостта и да се обезсърчим, защото се чувстваме по-ниски в степента, в която другите се издигат.

Също така, ако не изпитаме гняв или негодувание, ще имаме само покой, дори и ако с нас се отнасят грубо или ни вредят. Ние ставаме сърдити и разочаровани, защото има плът в нас. Плътта е товарът, която ни кара да чувстваме сърцето си съкрушено. Ако ние притежаваме характеристиката да търсим собствената ни полза, ще се чувстваме много лошо и болезнено, когато изглежда, че изпитаме по-голяма загуба от другите.

Тъй като имаме черти на плътта в нас, врагът дявол и Сатаната вълнуват тези плътски природи, за да създадат ситуации, в които не можем да се радваме. Според степента, в която имаме плът, ние няма да имаме духовна вяра и ще изпитваме все повече тревоги и притеснения, защото не сме способни да разчитаме на Бога. Онези, които разчитат на Бога, ще се радват, дори и ако нямат какво да ядат днес. Така е, защото Бог ни обещал да ни даде това, от което се нуждаем, когато потърсим първо Неговото царство и праведност (Матей 6:31-33).

Хората, които имат истинска вяра, ще поверят в ръцете на Бога всички въпроси чрез молитви на благодарност при всякакви трудности. Те ще търсят Божието царство и праведност със спокойно сърце и след това ще помолят за нещата, от които се нуждаят. Хората, които не разчитат на Бога, а само на собствените си мисли и планове, няма да бъдат спокойни. Онези, които извършват бизнес, ще имат успех и ще получат благословии, само ако чуват ясно и следват гласа на Светия дух. Докато изпитват алчност, нетърпение и порочни мисли, те не са способни да чуят гласа на Светия дух и ще срещнат затруднения. Накратко, основната причина, заради която губим радостта, са плътските качества, които имаме в сърцето си. Ще изпитаме все повече радост и благодарност и всички неща ще вървят добре с нас, според степента, в която отхвърлим плътта от нашето сърце.

На второ място, трябва да следваме желанията на Светия дух във всички неща.

Радостта, която търсим, не е светска радост, а радост, която идва отгоре, по-конкретно радостта от Светия дух. Ще бъдем радостни и щастливи само когато се радва Светият дух, който живее в нас. Преди всичко, истинската радост идва, когато почитаме Бога от все сърце, молим се и Го възхваляваме и спазваме Неговото Слово.

Също така, колко щастливи ще станем, ако разберем нашите недостатъци чрез вдъхновението на Светия дух и ги подобрим! Ще бъдем по-склонни да бъдем щастливи и благодарни, когато открием нашето ново „аз", което е различно от това, което сме били преди. Радостта, отдадена от Бога, не може да се сравнява с никоя друга радост на света и никой не може да я отнеме.

В зависимост от това какви видове решения направим в нашия ежедневен живот, ще следваме желанията на Светия дух или тези на плътта. Ако следваме желанията на Светия дух във всеки момент, Светият дух се радва в нас и ни изпълва с радост. 3 Йоаново 1:4 гласи: *„По-голяма радост няма за мене от това, да слушам, че моите чада ходят в истината."* Както е посочено, Бог се радва и ни дава радост в пълнотата на Светия дух, когато прилагаме истината.

Например, ние ще загубим радостта си, ако желанието да търсим собствената полза и желанието да търсим чуждата полза влязат в противоречие и конфликтът продължава. Тогава, ако накрая търсим собствената изгода, изглежда получаваме това, което искаме, но няма да получим духовна радост. Вместо това, ще имаме угризения на съвестта или болки в сърцето. От друга страна, ако търсим ползата за другите, би изглеждало, че изпитваме загуба за момента, но ще получим радост отгоре, защото се радва Светият дух. Само онези, които действително са изпитвали такава радост, ще разберат колко добра е тя. Това е видът щастие, който никой на света не може да даде или разбере.

Има една история за двама братя. По-големият не си прибирал чиниите след ядене. По-малкият винаги трябвало да прибира масата след хранене и се чувствал неприятно. Един ден, след като по-големият брат се нахранил и станал, по-младият казал: „Трябва да си измиеш чиниите." „Ти можеш да ги измиеш", отговорил по-големият брат без колебание и се прибрал в стаята си. По-младият брат не останал доволен от ситуацията, но големият вече си тръгнал.

По-малкият брат знаел, че по-големият нямал навика да си мие чиниите. Ето защо, можел просто да му служи с радост, измивайки сам всички чинии. Възможно е да помислите, че по-малкият брат винаги щял да мие чиниите и по-големият нямало да се опита да разреши проблема. Ако действаме в милост, Бог е този, който ще направи промените. Бог ще промени сърцето на по-големия брат, за да помисли: „Съжалявам, че накарах брат ми винаги да мие чиниите. Отсега нататък, ще измивам моите и неговите чинии."

Както е показано с този пример, ако следваме желанията на плътта само заради моментна полза, ние винаги ще изпитваме неудобство и кавги. Ще изпитваме радост, ако служим на другите от сърце, следвайки желанията на Светия дух.

Същият принцип е валиден за всички други въпроси. Възможно е понякога да съдите другите с Вашите собствени стандарти, но ако промените сърцето си и разберете другите в милост, ще имате покой. Какво се случва, когато срещате някого, който е много различен от Вас или чието мнение е много различно от Вашето? Опитвате ли се да го избегнете или го приветствате топло с усмивка? За невярващите би било по-успокоително просто да избегнат и да пренебрегнат онези, които не харесват, отколкото да се опитват да бъдат добри с тях.

Но онези, които следват желанията на Светия дух, ще се усмихнат на такива хора с услужливо сърце. Когато излагаме себе си на смърт всеки ден с намерението да утешим другите (1 Коринтяни 15:31), ще почувстваме, че отгоре идват истински покой и радост. Освен това, ще бъдем способни винаги да се наслаждаваме на мир и радост, дори ако нямаме чувството, че не харесваме някого или характерът на някого не съвпада с нашия.

Представете си, че църковният лидер Ви се обади, за да посетите с него църковен член, който е пропуснал неделната служба или сте помолени да проповядвате евангелието на някого в един от редките Ви почивни дни. От една страна искате да си починете, но от друга искате да направите Божието дело. Свободни сте да решите, каквото искате, но да спите много и да си починете не Ви носи непременно радост.

Ще почувствате пълнотата на Светия дух и радостта, когато отдавате Вашето време и притежания за провеждане на духовенството на Бога. Когато следвате желанията на Светия дух отново и отново, не само ще изпитвате все по-голяма духовна радост, но сърцето Ви все повече ще се промени в сърце на истината. В същата степен, ще получите зрелия плод на радостта и сърцето Ви ще блести с духовна светлина.

На трето място, ние трябва старателно да посеем семената на радост и благодарност.

За да пожъне плодовете на своята реколта, фермерът трябва да посее семената и да се грижи за тях. По същия начин, за да получим плода на радостта, трябва старателно да търсим условия за благодарност и да отдаваме жертвоприношения в благодарност на Бога. Има толкова много неща, за които да се радваме, ако сме Божи деца, които имат вяра!

Първо, ние имаме радостта от спасението, която е незаменима с нищо. Също така, добрият Бог е наш Баща, Той пази Неговите деца, които живеят в истината и им дава всичко, което поискат. И така, колко щастливи сме ние? Няма да ни сполети никакво произшествие или бедствие през годината, ако спазваме свещен Деня на Господ и отдаваме правилно десятъци. Винаги ще получаваме благословии, ако не извършваме грехове, спазваме Божите заповеди и работим предано за Неговото царство.

Дори и да срещнем затруднения, решенията на всички видове проблеми се намират в шестдесет и шестте книги на Библията. Ако затруднението е причинено от собствените ни прегрешения, трябва да се покаем и да се откажем от такива пътища, за да има Бог милост над нас и да ни даде отговора за решение на проблема. Ще се радваме и ще благодарим, ако се вгледаме в себе си и сърцето ни не ни осъжда. Бог тогава ще действа така, че да направи всичко добро и да ни даде повече благословии.

Не трябва да приемаме за даденост отдаденото ни от Бога благоволение. Трябва винаги да се радваме и да Му благодарим. Бог ни дава повече условия за благодарност, когато търсим причини да благодарим и да се радваме. В замяна на това, благодарността и радостта ни ще нарасне и накрая ще понесем изцяло плода на радостта.

Скръб, дори когато сте получили плода на радостта

Понякога ставаме тъжни, дори и да получим плода на радостта в нашето сърце. Това е духовна скръб, която се извършва в истината.

Първо, има тъга на разкаяние. Ние не можем просто да се радваме и да благодарим, за да решим проблема, ако има проверки и изпитания, причинени от нашите грехове. Ако човек се радва, дори и след като прегреши, тази радост е светска радост и няма нищо общо с Бога. В такъв случай, трябва да се покаем със сълзи и да се откажем от тези пътища. Трябва изцяло да се покаем, мислейки: „Как можах да извърша такъв грях, вярвайки в Бога? Защо пренебрегнах благоволението на Господ?" Тогава Бог ще приеме нашето разкаяние и ще ни даде радост, в доказателство на това, че е разрушена стената от грях. Ще се чувстваме толкова леки и доволни, сякаш летим в небето и отгоре ще дойдат нов вид радост и благодарност.

Но тъгата от отчаяние определено е различна от сълзите от скръб, които проливаме заради болката, причинена от трудности или бедствия. Дори и да се молите, проливайки сълзи и с течащ нос, това е само физическа скръб, защото ридаете с огорчение заради Вашата ситуация. Също така, няма да получите истинска радост, ако просто се опитвате да избягате от проблема, страхувайки се от наказание и не се отказвате изцяло от Вашите грехове. Няма да почувствате, че Ви е простено. Ако Вашата скръб е истинска скръб от отчаяние, трябва да отхвърлите желанието да извършвате грехове и след това да постигнете правилния плод на разкаянието. Само тогава ще получите отново духовната радост отгоре.

На следващо място, има скръб, която изпитвате, когато Бог е опозорен или за онези души, които вървят по пътя на смъртта. Това е скръб, която е правилна в истината. Ако имате такава скръб, ще се молите много ревностно за Божието царство. Ще искате святост и сила, за да спасите повече души и да увеличите Божието царство. Следователно, такава скръб е удовлетворяваща и приемлива за Бога. Ако изпитвате такава духовна скръб, радостта, дълбоко в сърцето Ви, няма да изчезне. Няма да загубите сили, ако бъдете тъжни или обезсърчени, а ще продължите да изпитвате благодарност и щастие.

Преди няколко години, Бог ми показа небесния дом на една жена, която се моли за Божието царство и църквата с голяма скръб. Къщата й бе украсена със злато и скъпоценни камъни и имаше множество големи, блестящи перли. Така, както мидата стрида създава перла с цялата си енергия и жизнена сила, тя страдаше в молитва, за да прилича на Господ и скърбеше, молейки се за Божието царство и за душите. Бог й се отплаща за всички нейни молитви със сълзи. Следователно, трябва винаги да се радваме с вяра в Бога и да сме способни също да скърбим за Божието царство и душите.

Бъдете положителни и следвайте милостта във всички неща

Когато Бог създал първия човек, Адам, той дал радост в сърцето му. Но радостта, която Адам имал по онова време, е различна от радостта, която получаваме след преминаването през човешката култивация на тази земя.

Адам бил живо същество или жив дух, което означава, че нямал никакви плътски качества и затова нямал никакво качество, противоположно на радостта. По-конкретно, той нямал никакво понятие за относителността, за да разбере стойността на радостта. Само онези, които са страдали от болести, разбират колко ценно е здравето. Само онези, които са страдали от бедност, разбират истинската стойност на охолния живот.

Адам никога не изпитвал болка и не бил в състояние да разбере колко щастлив живот имал. Въпреки че се радвал на вечен живот и изобилие в Едемската градина, той не бил в състояние да се радва истински от сърце. След като ял от дървото на познанието на доброто и злото, плътта проникнала в сърцето му и той загубил радостта, отдадена от Бога. След като преминал през много болки на този свят, сърцето му било изпълнено със скръб, самота, огорчение, нещастни чувства и тревоги.

Ние сме изпитали всички видове болки на тази земя и сега

трябва да възстановим духовната радост, която Адам загубил. За да направим това, трябва да отхвърлим плътта, да следваме желанията на Светия дух през цялото време и да посеем семената на радостта и благодарността във всички неща. По този начин, ако добавим положителна нагласа и следваме милостта, ще бъдем способни да получим изцяло плода на радостта.

Тази радост е получена след като сме изпитали относителните взаимодействия на много неща на земята, за разлика от Адам, който живял в Едемската градина. Следователно, радостта произлиза дълбоко в сърцето ни и никога не се променя. Истинското щастие, на което ще се радваме на Небето, вече е култивирано в нас на тази земя. Как ще бъдем способни да изразим радостта, която ще имаме, когато завършим нашия земен живот и отидем на небесното царство?

Лука 17:21 гласи: *„...нито ще рекат: Ето тук е! или Там е! Защото, ето Божието царство е всред вас."* Надявам се бързо да получите плода на радостта във Вашето сърце, за да опитате Небето на земята и да водите живот, изпълнен винаги с щастие.

Евреи 12:14

„Търсете мир с всички и онова освещение, без което никой няма да види Господа."

Против такива неща няма закон

Глава 4

Мир

Плодът на мира
С цел да получим плода на мира
Добрите думи са важни
Мислете мъдро от гледна точка на другите
Истинско спокойствие в сърцето
Благословии за създателите на мир

Мир

Частиците на солта не са видими, но когато кристализират, те стават красиви кубични кристали. Малко количество сол се разтваря във вода и променя цялата й структура. Това е подправка, която е абсолютно необходима в готвенето. Микроелементите в солта, в съвсем малко количество, са от съществено значение за поддържане на жизнените функции.

Така, както солта се разтваря, за да обогати вкуса на храната и да предотврати гниенето, Бог иска да пожертваме себе си, за да поучим и пречистим другите и да получим красивия плод на мира. Нека сега да разгледаме плода на мира сред плодовете на Светия дух.

Плодът на мира

Дори и да вярват в Бога, хората не поддържат мир с другите, докато притежават свое его или „собственото аз". Ако считат своите идеи за правилни, те са склонни да пренебрегнат мненията на другите и да действат неподобаващо. Дори и едно споразумение да е постигнато от гласовете на болшинството в една група, те продължават да се оплакват за него. Също така, те са склонни да виждат недостатъците на хората, вместо положителните им качества. Говорят лошо за другите и разпространяват такива слухове, с което отчуждават хората един от друг.

Когато се намираме около такива хора, имаме усещането, че лежим в легло от тръни и нямаме мир. Там, където има нарушители на мира, винаги има проблеми, нещастия и изпитания. Ако мирът е нарушен в една държава, семейство, работно място, църква или сдружение, пътят за благословиите ще бъде блокиран и ще има много трудности.

Героят или героинята разбира се са важни в една пиеса, но останалите роли и поддържащата работа на всеки от персонала също имат значение. Това е валидно за всички организации. Макар и да изглежда нещо банално, когато всеки човек извършва работата си правилно, задачата ще бъде изпълнена изцяло и този човек ще получи по-големи задължения по-късно. Също така, човек не трябва да е арогантен, само защото работата, която извършва, е важна. Когато той помага на другите да израснат заедно, всички работи се извършват спокойно.

Римляни 12:18 гласи: *„Ако е възможно, доколкото зависи от вас, живейте в мир с всичките човеци."* Евреи 12:14 гласи: *„Търсете мир с всички и онова освещение, без което никой няма да види Господа."*

Тук „мир" означава да уважаваме мнението на другите, дори и нашето мнение да е правилно; да утешим другите. Това означава щедро сърце, което приема всичко, стига да е в границите на вярата; да следваме ползата за другите и да нямаме предпочитания; да се опитваме да нямаме проблеми или конфликти с другите, като се въздържаме от изразяване на противоположно лично мнение и като не гледаме недостатъците на други хора.

Божите деца трябва не само да поддържат мир между съпрузи и съпруги, родители и деца, братя и съседи, но да имат също мир с всички хора. Те трябва да имат мир не само с тези, които обичат, но с тези, които ги мразят и им причиняват трудности. Особено важно е да поддържаме спокойствие в църквата. Бог не може да действа, ако мирът е нарушен. Така само даваме възможност на Сатаната да ни обвини. Също така, дори и да работим усилено и да постигнем големи цели в духовенството на Бога, няма да бъдем похвалени, ако мирът е нарушен.

В Битие 26, Исаак поддържал мир с всички, дори в ситуации, когато другите го предизвиквали. Тогава Исаак, в опита си да избегне глада, отишъл на мястото, където живяли Филистимците. Той получил благословии от Бога, броят на стадата му нараснал и имал голямо домакинство. Филистимците завиждали на Исаак и напълнили кладенците му с пръст.

Нямало достатъчно дъждове в този район и особено през лятото не валяло изобщо. Кладенците били техният източник на живот. Въпреки това, Исаак не спорил и не се карал с тях. Той просто напуснал мястото и изкопал друг кладенец. Всеки път, когато намирал кладенец след много трудности, Филистимците идвали и настоявали, че е техен. Въпреки всичко, Исаак никога не протестирал и просто предавал кладенците. Той се преместил на друго място и изкопал друг кладенец.

Този цикъл се повтарял много пъти, но Исаак се отнасял с тях само с милост и Бог го благословил да намира кладенци навсякъде, където отивал. Виждайки това, Филистимците разбрали, че Бог бил с него и повече не му пречили. Ако Исаак беше спорил или влязъл в конфликт с тях, защото се отнасяли несправедливо с него, той щеше да стане техен враг и щеше да се наложи да си тръгне. Дори и да беше говорил по честен и справедлив начин, това щеше да бъде безполезно, защото Филистимците търсили кавга с лоши намерения. Поради тази причина, Исаак се отнасял с тях с милост и получил плода на мира.

Ако получим плода на мира по този начин, Бог контролира всички ситуации, за да успяваме във всички неща. Как можем да получим този плод на мира?

С цел да получим плода на мира

Първо, трябва да имаме мир с Бога.

Най-важното условие, за да поддържаме мир с Бога е да нямаме никакви стени от грях. Адам трябвало да се крие от Бога, защото нарушил Божието слово и ял от забранения плод (Битие 3:8). В миналото, той бил в много близки отношения с Бога, но сега Божието присъствие пораждало усещането за страх и отчужденост. Това било, защото мирът с Бога бил нарушен заради неговия грях.

Същото е и с нас. Когато действаме с истината, ще бъдем в мир с Бога и ще сме уверени пред Него. Разбира се, за да имаме цялостен и съвършен мир, трябва да отхвърлим всички грехове и злини от нашето сърце и да станем святи. Дори и все още да не сме съвършени, ще имаме мир с Бога, ако спазваме истината старателно според мярката на нашата вяра. Няма да имаме съвършен мир с Бога от самото начало, но ще имаме мир с Бога, когато се стремим да следваме мира с Него според мярката на нашата вяра.

Дори когато се опитваме да имаме мир с хората, първо трябва да се стремим да имаме мир с Бога. Макар и да търсим мир с нашите родители, деца, съпрузи и съпруги, приятели и колеги, никога не трябва да правим нищо, което противоречи на истината. По-конкретно, не трябва да нарушаваме мира с Бога, за да следваме мира с хората.

Например, какво ще стане, ако почитаме идоли или нарушаваме свещения Ден на Господ, за да имаме мир с невярващи членове на семейството? Изглежда имаме мир за момента, но в действителност сериозно сме нарушили мира с Бога, създавайки стена от грях пред Него. Не трябва да извършваме грехове, за да имаме мир с хората. Също така, ако нарушим свещения Ден на Господ, за да присъстваме на сватба на близък или приятел, това означава да нарушим мира с Бога и в крайна сметка, с тези хора също няма да имаме истински мир.

Първо трябва да удовлетворим Бога, за да имаме истински мир с хората. Тогава Бог ще прогони врага дявол и Сатаната и ще промени съзнанията на злите хора, за да имаме мир с всички. Притчи 16:7 гласи: *„Когато са угодни на ГОСПОДА пътищата на човека, Той примирява с него и неприятелите му."*

Разбира се, другият човек ще продължи да нарушава мира с нас, дори и да правим всичко възможно в истината. В този случай, ако действаме в истината до край, Бог ще действа за доброто на всичко. Такъв бил случаят с Давид и Цар Саул. Заради неговата завист, Цар Саул се опитал да убие Давид, но Давид се отнасял добре с него до край. Давид имал многократна възможност да го убие, но той избрал да бъде в мир с Бога, следвайки милостта. В крайна сметка, Бог позволил на Давид да седи на трона, за да се отплати за неговите добри дела.

На второ място, трябва да имаме мир със себе си.

За да имаме мир със себе си, трябва да отхвърлим всички форми на злото и да станем святи. Докато имаме зло в сърцето, нашата порочност ще бъде възбудена според различни ситуации и мирът ще бъде нарушен. Възможно е да мислим, че ще имаме мир, когато нещата вървят добре и според очакваното, но мирът е нарушен, когато нещата не са добре и засягат нашата порочност в сърцето. Колко неприятно е когато омразата или гневът кипят в сърцето ни! Ще имаме мир в сърцето, независимо от обстоятелствата, ако продължим да избираме истината.

Някои хора, въпреки това, нямат истински мир в сърцата си, въпреки че се стремят да спазват истината, за да имат мир с Бога. Това е заради тяхната самодоволност и стереотипите на тяхната личност.

Например, някои хора нямат мир, защото са прекалено ангажирани с Божието слово. Точно като Йов, преди да премине през изпитанията, те се молят усърдно и се опитват да живеят според Божието слово, но не правят тези неща с тяхната любов към Бога. Те живеят според Божието слово заради страх от наказания и отмъщения от Бога. Ако случайно нарушат истината в определени обстоятелства, стават много нервни, страхувайки се от неблагоприятни последствия.

В такъв случай, колко нещастни ще бъдат сърцата им, дори и ако старателно спазват истината! Ето защо, тяхното духовно израстване спира или загубват радостта. В крайна сметка, те страдат заради своята самодоволност и начин на мислене. В този случай, вместо да се вманиачават със спазването на закона, трябва да се опитат да култивират любов към Бог. Човек ще се радва на истински мир, ако обича Бог от все сърце и осъзнава Божията любов.

Ето друг пример. Някои хора нямат мир със себе си, заради своите отрицателни мисли. Те се опитват да спазват истината, но осъждат себе си и сами причиняват болка в сърцето си, ако не получат желания резултат. Съжаляват пред Бога и се обезсърчават, мислейки, че им липсва много. Загубват мира, мислейки: „Какво ще стане ако хората се разочароват от мен? Ами ако ме пренебрегнат?"

Такива хора трябва да станат духовни деца. Мисленето на тези деца, които вярват в любовта на своите родители, е много просто. Дори и да направят грешки, те не се крият от своите родители, а отиват в скута им, казвайки, че ще се справят по-добре. Ако кажат, че съжаляват и ще се справят по-добре с любящо и доверчиво лице, родителите им ще се усмихнат, дори и ако са имали намерението да смъмрят децата си.

Разбира се, това не означава да казвате винаги, че ще се справите по-добре и да продължавате да правите същите грешки. Ако истински желаете да се откажете от греховете и да се справите по-добре следващия път, защо Бог да отвръща лицето Си от Вас? Онези, които истински се разкайват, не се обезсърчават и не се обезкуражават заради други хора. Разбира се, възможно е да получат наказания или да бъдат поставени на по-скромно място за известно време, според справедливостта.

Въпреки това, ако те наистина са сигурни в любовта на Бога към тях, с готовност ще приемат наказанията на Бог и няма да ги е грижа за мненията или коментарите на другите хора.

От друга страна, Бог не е доволен, ако продължават да се съмняват, мислейки, че не им е простено за греховете им. Ако те напълно са се разкаяли и са се отказали от своите пътища, Бог е доволен, ако вярват, че им е простено. Дори и да има изпитания, причинени от техните прегрешения, ще се превърнат в благословии, ако ги приемат с радост и благодарност.

Следователно, трябва да вярваме, че Бог ни обича, дори и още да не сме съвършени и Той ще ни направи съвършени, ако продължаваме да се стремим да се променим. Също така, дори и да сме понижени в едно изпитание, трябва да се доверим на Бог, който ще ни издигне накрая. Не трябва да бъдем нетърпеливи от желанието да бъдем признати от хората. Ако просто продължаваме да имаме честно сърце и дела, можем да имаме мир със себе си, както и духовна увереност.

На трето място, трябва да имаме мир с всички.

За да имаме мир с всички, трябва да бъдем способни да пожертваме себе си. Трябва да се жертваме за другите, дори и да отдадем живота си. Павел казал: „Умирам всеки ден" и точно както казал, не трябва да настояваме на нашите мисли, мнения или предпочитания, за да имаме мир с всички.

За да имаме мир, не трябва да действаме неподобаващо или да се опитваме да парадираме или да се хвалим със себе си. Трябва да смирим себе си от сърце и да издигнем другите. Не трябва да бъдем предубедени и в същото време, трябва да сме способни да приемем различни начини от нашите, ако са в истината. Не трябва да разсъждаваме с мярката на собствената ни вяра, а от гледна точка на другите. Дори и мнението ни да е правилно или дори по-добро, все още трябва да сме способни да следваме мненията на другите.

Все пак, това не означава, че трябва просто да ги оставим да бъдат и да вървят по своя път, дори и ако вървят по пътя на смъртта, извършвайки грехове. Не трябва също да се съгласяваме с тях или да се присъединяваме към тях в извършването на неистини. Трябва понякога да ги съветваме или да ги предупреждаваме с любов. Ще получим големи благословии, когато се стремим към мир в истината.

На следващо място, за да имаме мир с всички, не трябва да настояваме на нашата самодоволност и стереотипи на мислене. „Стереотип" е това, което човек счита за правилно според собственото си индивидуално мислене, чувство за правилност и предпочитания. „Самодоволност" тук означава да налагаме на другите нашите лични мнения, вярвания и идеи, които човек счита за превъзхождащи. Самодоволността и стереотипите са представени в различна форма в живота ни.

Какво ще стане, ако един човек нарушава наредбите на компанията, за да оправдае действията си, считайки ги за грешни? Възможно е да мисли, че е прав, но очевидно неговият ръководител или колегите му не мислят така. Също така, в съответствие с истината е да следваме мненията на другите, стига да не са неистина.

Всеки човек има различна индивидуалност, защото всеки

един е израснал в различна среда. Всеки е получил различно образование и мерки на вярата. Ето защо, всеки човек има различни критерии за различаване на правилното от грешното и на доброто от лошото. Един човек може да счита определено нещо за правилно, докато друг го счита за грешно.

Нека да говорим например за отношенията между съпруга и жената. Съпругът иска къщата винаги да бъде спретната, но жената не го прави. Съпругът приема това с любов в началото и сам се заема с чистенето. Това обаче продължава и той се разстройва. Започва да мисли, че съпругата му не е получила подходящо образование за домакинството. Чуди се защо не е способна да направи нещо, което е толкова просто и редно. Не разбира защо навиците ѝ не се променят, дори и след много години, въпреки честото му напомняне.

От друга страна, обаче, съпругата му също има какво да каже. Разочарованието ѝ нараства към неговия начин на мислене: „Моята работа не е само да чистя и да домакинствам. Понякога и той трябва да чисти, ако аз не мога. Защо се оплаква толкова много за това? Преди изглеждаше сякаш бе готов да направи всичко за мене, а сега се оплаква за такива банални неща. Той говори дори за моето образование в домакинството!" Не могат да имат мир, ако всеки от тях мисли за собствените си мнения и желания. Ще имат мир, когато вземат под внимание собственото си мнение и си помагат, а не когато вземат предвид само собственото си гледище.

Исус ни казал, когато отдаваме дарения на Бога, първо да се помирим с брата, с когото имаме конфликт и след това да направим дарението (Матей 5:23-24). Нашите дарения ще бъдат приети от Бога, само когато имаме мир с този брат и след това направим дарението.

Хората, които имат мир с Бога и със себе си, няма да нарушат мира с другите. Те няма да спорят с никого, защото вече са отхвърлили тяхната алчност, арогантност, гордост, самонадеяност и стереотипи. Дори и другите да са лоши и да причиняват проблеми, тези хора ще се пожертват, за да постигнат мир.

Добрите думи са важни

Има няколко неща, които трябва да имаме предвид, когато се стремим да постигнем мир. Много е важно да произнасяме само добри думи, за да поддържаме мир. Притчи 16:24 гласи: *„Благите думи са медена пита, сладост на душата и здраве на костите."* Добрите думи дават сила и кураж на онези, които са обезсърчени. Те могат да станат добро лекарство за съживяване на умиращите души.

От друга страна, лошите думи нарушават мира. Когато Цар Ровоам, син на Цар Соломон, се качил на трона, хората от десетте племена помолили царя да намали тежкия им труд. Царят отговорил: *„Баща ми направи тежък хомота ви, но аз ще му приложа; баща ми ви наказа с бичове, но аз ще ви накажа със скорпии"* (2 Летописи 10:14). Заради тези думи, царят и хората били отчуждени един от друг, което накрая довело до разделянето на страната на две.

Езикът на човека е много малка част от тялото му, но има ужасна сила. Той е като малък пламък, който ще се превърне в голям пожар и ще причини огромна вреда, ако не се контролира. Ето защо, Яков 3:6 гласи: *„И езикът, тоя цял свят от нечестие, е огън. Между нашите телесни части езикът е, който заразява цялото тяло и запалва колелото на живота, ни, а сам той се запалва от пъкъла."* Също така, в Притчи 18:21 е записано: *„Смърт и живот има в силата на езика, и ония, които го обичат, ще ядат плодовете му."*

По-конкретно, ако произнасяме думи на огорчение или се оплакваме заради различия в мнението, те съдържат наранени чувства и така, врагът дявол и Сатаната отправят обвинения заради тях. Има голяма разлика между това да питаем оплаквания и огорчения и да изразяваме външно такива чувства на думи и действия. Едно е да носите шишенце с мастило в джоба си, а съвсем друго да отворите капака и да го разлеете навън. Ако го разлеете навън, то ще нацапа хората около Вас, както и Вас самите.

По същия начин, когато извършвате Божието дело, можете да се оплаквате, защото някои неща не съответстват на Вашите идеи. Тогава, някои хора, които са съгласни с идеите Ви, ще говорят по същия начин. Ако броят им нарасне до двама или трима, това става синагога на Сатаната. Мирът ще бъде нарушен в църквата и нейното израстване ще прекъсне. Ето защо, винаги трябва да виждаме, чуваме и да говорим само добри неща (Ефесяни 4:29). Не трябва дори да слушаме думи, които не принадлежат на истината и милостта.

Мислете мъдро от гледна точка на другите

Това, което трябва да вземем предвид на второ място, е случаят, когато не изпитвате лоши чувства към някого, но той/тя нарушава мира. Тук трябва да се замислите дали наистина е виновен другият човек. Понякога, Вие сте причината другите да нарушават мира, без да го осъзнавате.

Възможно е да наранявате чувствате на другите, заради Вашето невнимание или неразумни думи или поведение. В такъв случай, ако продължавате да мислите, че не изпитвате лоши чувства към другия човек, няма да имате нито мир с него, нито ще разберете себе си, за да се промените. Трябва да проверите дали наистина сте миротворец, дори и според другия човек.

Възможно е ръководителят да счита, че поддържа мир, но работниците му да имат проблеми. Те не могат открито да изразят чувствата си на своите висшестоящи. Могат само да ги таят в себе си и да страдат вътрешно.

Има един известен случай с Първия министър Хуанг Хий от династията Чосън. Той видял един фермер да оре нивата си с два бивола. Министърът попитал фермера на висок глас: „Кой от двата бивола работи по-усилено?" Фермерът изведнъж хванал за ръцете министъра и го завел на отдалечено място. Той прошепнал в ушите му: „Черният понякога е мързелив, но жълтият работи усилено." „Защо трябваше да ме доведе тук и да шепнеш в ухото ми, докато говориш за биволите?" Хуанг Хий попитал с усмивка на лицето. Фермерът отговорил: „Дори на животните не им харесва, когато говорим лошо за тях." Счита се, че Хуанг Хий тогава разбрал за своето невнимание.

Какво щеше да стане ако двата бивола бяха разбрали казаното от фермера? Жълтият бивол щеше да стане арогантен, а черният щеше да завиди и да предизвика проблеми за жълтия, или щеше да се обезкуражи и да работи по-малко от преди.

От тази история научаваме, че трябва да бъдем внимателни дори към животните, да не произнасяме думи и да не показваме дела, които разкриват предпочитание. Когато има предпочитание, има завист и арогантност. Например, ако хвалите или порицавате само един човек пред много хора, Вие създавате условия за възникването на спор. Трябва да сте внимателни и достатъчно разумни, за да не причинявате такива проблеми.

Също така, някои хора страдат от фаворитизма и дискриминацията на техните ръководители, но когато самите те станат такива, пренебрегват някои служители и показват предпочитанията си към други. Въпреки това, ние разбираме, че ако сте страдали от такава несправедливост, трябва да внимавате във Вашите думи и поведение, за да не се нарушава мирът.

Истинско спокойствие в сърцето

Друго нещо, за което трябва да мислите при постигането на мир е, че мирът трябва да се постигне в сърцето. Дори онези, които нямат мир с Бога или със себе си, могат да имат мир с други хора в известна степен. Много вярващи винаги слушат, че не трябва да нарушават мира, за да бъдат способни да контролират чувствата си и да не се сблъскват с други, чиито мнения са различни от техните собствени. Фактът, че нямат външен конфликт не означава, че са получили плода на мира. Плодът на Духа се получава не само външно, но и в сърцето.

Например, ако другият човек не Ви служи и не Ви разпознава, Вие сте огорчени, но не сте в състояние да го изразите външно. Възможно е да мислите: „Трябва да имам още малко търпение!" и да се опитате да служите на този човек. Представете си, че същото се случи отново.

Тогава може да натрупате огорчение. Вие не сте способни да изразите външно огорчението, мислейки, че то само ще нарани Вашата гордост, но можете индиректно да критикувате този човек. По някакъв начин, ще разкриете Вашето усещане, че сте преследвани. Понякога не разбирате другите и това не Ви позволява да имате мир с тях. Просто държите устата си затворена, страхувайки се, че може да имате кавги, ако спорите. Спирате да разговаряте с този човек, гледайки го високомерно и мислейки: „Той е лош и толкова настоятелен, че не мога да говоря с него."

По този начин, Вие не нарушавате мира външно, но и нямате добри чувства към този човек. Не споделяте мнението му и е възможно дори да чувствате, че не желаете да сте около него. Възможно е дори да се оплаквате от него, говорейки на другите за неговите недостатъци. Споменавате Вашите неприятни чувства, казвайки: „Той наистина е лош. Как може някой да разбира него и какво е направил! Въпреки това, действайки с доброта, аз все още съм с него." Разбира се, по-добре е да не се нарушава мира по този начин, отколкото да се нарушава директно.

Въпреки това, трябва да служите на другите от сърце, за да има истински мир. Не трябва да потискате такива чувства и да искате да Ви служат. Трябва да имате желание да служите и да търсите ползата за другите.

Не трябва просто да се усмихвате външно, когато осъждате вътрешно. Трябва да разбирате другите от тяхната гледна точка. Само тогава може да работи Светият дух. Дори и да търсят собствената полза, те ще бъдат трогнати в сърцата си и ще се променят. Всеки може да приеме вината, ако има недостатъци. Накрая, всеки е способен да има истински мир и да бъде способен да сподели сърцето си.

Благословии за създателите на мир

Онези, които имат мир с Бога, със себе си и с всички, имат властта да прогонят тъмнината. Ето защо, те могат да постигнат мир около тях. Както е записано в Матей 5:9, *„Блажени миротворците, защото те ще се нарекат Божи чада"*, те имат властта на деца на Бога, властта на светлината.

Например, ако Вие сте църковен лидер, можете да помогнете на вярващите да получат плода на мира. По-конкретно, можете да им осигурите Словото на истината, притежавайки власт и сила, за да се отдалечат от греховете и да отстранят своята самонадеяност и стереотипи. Когато се създават синагоги на Сатаната, които отчуждават хората един от друг, Вие можете да ги унищожите със силата на Вашето слово. По този начин, ще създадете мир сред различни хора.

Йоан 12:24 гласи: *"Истина, истина ви казвам, ако житното зърно не падне в земята и не умре, то си остава самотно; но ако умре, дава много плод."* Исус пожертвал Себе Си и умрял като житно зърно и дал много плод. Той простил греховете на безброй умиращи души и им позволил да имат мир с Бога. В резултат на това, самият Господ станал Цар на царете и Бог на боговете, получавайки голяма почит и слава.

Ще получим изобилна реколта, само когато жертваме себе си. Бащата Бог иска Неговите любими деца да направят пожертвувание и "да умрат като житно зърно", за да получат изобилни плодове, точно като Исус. Исус казал също в Йоан 15:8: *"В това се прославя Отец Ми, да принасяте много плод; и така ще бъдете Мои ученици."* Както е записано, нека следваме желанията на Светия дух, за да получим плода на мира и да поведем много души по пътя на спасението.

Евреи 12:14 гласи: *"Търсете мир с всички и онова освещение, без което никой няма да види Господа."* Дори и да сте абсолютно прави, ако има конфликти и другите имат неприятни чувства заради Вас, това не е правилно според Бог и трябва да се вгледате в себе си. Тогава ще станете свят човек, който няма форми на злото и който е способен да види Господ. Правейки това, надявам се да се радвате на духовната власт на тази земя, наричайки се синове на Бога и да постигнете почетно място на Небето, където винаги да виждате Господ.

Яков 1:4

„А твърдостта нека извърши делото си съвършено,

за да бъдете съвършени и цели,

без никакъв недостатък."

Против такива неща няма закон

Глава 5

Търпение

Търпение, което няма нужда от търпение
Плодът на търпението
Търпение на бащите на вярата
Търпение да отидем на небесното царство

Търпение

Толкова често изглежда, че щастието в живота зависи от това дали сме търпеливи или не. Между родители и деца и съпруги и съпрузи, сред братя и с приятели, хората правят неща, за които съжаляват много, защото не са търпеливи. Успехът и провалът в нашето учение, работа или бизнес, зависи също от нашето търпение. Търпението е много важен елемент в нашия живот.

Духовното търпение и това, което се счита за търпение от светските хора, определено се различават. Хората на този свят издържат с търпение, но това е плътско търпение. Ако имат неприятни чувства, те страдат много, опитвайки се да ги потиснат. Възможно е да скърцат със зъби или дори да спрат да се хранят. В крайна сметка, това води до проблеми с нервите или депресия. Въпреки това, казват, че хората, които потискат чувствата си много добре, показват голямо търпение. Но това изобщо не е духовно търпение.

Търпение, което няма нужда от търпение

Духовното търпение означава да не сме търпеливи със зло, а само с милост. Ако сте търпеливи с милост, ще преодолеете трудностите с благодарност и надежда. Това ще направи сърцето Ви по-широко. От друга страна, ако сте търпеливи със зло, Вашите негативни чувства ще се натрупват и сърцето Ви ще става все по-грубо.

Представете си, че някой Ви проклина и Ви причинява болка безпричинно. Може да почувствате гордостта си наранена и дори, че сте измамени, но ще го потиснете, мислейки, че трябва да сте търпеливи според Божието слово. Въпреки това, лицето Ви се зачервява, дишането Ви се ускорява и устните Ви се стягат, докато се опитвате да контролирате Вашите мисли и емоции. Ако потискате чувствата по този начин, те ще се пробудят по-късно, ако нещата се влошат. Такова търпение не е духовно търпение.

Ако имате духовно търпение, сърцето Ви няма да се вълнува от нищо. Дори ако сте обвинени погрешно в нещо, Вие просто се опитвате да успокоите другите, мислейки, че има някакво недоразумение. Ако имате такова сърце, няма да е нужно да „понасяте" или да „прощавате" на никого. Нека Ви дам един пример.

Навън е студена зимна нощ и лампите в една къща светели до късно. Бебето в дома имало температура, която се повишила до 40 °C (104 °F). Бащата накиснал тениската си със студена вода и взел бебето. Когато сложил студена кърпа върху детето, то се стреснало и не му харесало. Въпреки това, то се успокоило в ръцете на своя баща, макар и тениската да била студена в първия момент.

Когато тениската се затоплила от температурата на бебето, бащата отново я намокрил със студена вода. Наложило се да мокри тениската няколко пъти, преди да настъпи сутринта. При все това не изглеждал изморен. Гледал с любящи очи бебето си, което спяло уютно в прегръдката му.

Въпреки че останал буден цяла нощ, той не се оплаквал от глад или умора. Нямал време да мисли за собственото си тяло. Цялото му внимание било насочено върху бебето и върху мислите как да направи така, че синът му да се чувства по-добре и по-удобно. Състоянието на детето се подобрило, но той не мислил за положените усилия. Когато обичаме някого, веднага сме готови да понесем трудности и тегоби и следователно, не е необходимо да бъдем търпеливи за нищо. Това е духовното значение на „търпението".

Плодът на търпението

Намираме „търпение" в 1 Коринтяни, глава 13, „Глава за любовта" и това е търпението за култивиране на любовта. Например, записано е, че любовта не търси своето. За да се откажем от това, което искаме и да търсим първо ползата за другите според това слово, ние ще срещнем ситуации, които изискват нашето търпение. Търпението в „Глава за любовта" е търпението да култивираме любовта.

Но търпението, което е един от плодовете на Светия дух, е търпение във всичко. Това търпение е на по-високо ниво от търпението в духовната любов. Има трудности, когато се опитваме да постигнем определена цел, независимо дали е за Божието царство или за лично освещение. Ще има скръб и тегоби, изразходващи цялата ни енергия. Въпреки това, ще издържим търпеливо с вяра и любов, защото имаме надежда да пожънем плодовете. Този вид търпение е търпението като един от плодовете на Светия дух. Това търпение има три аспекта.

Първият е търпението да променим сърцето си.

Колкото повече зло имаме в сърцето, толкова по-трудно е да сме търпеливи. Ако имаме определена степен на гняв, арогантност, алчност, самонадеяност и собствени изградени стереотипи, ще имаме лошо настроение и негативни чувства за най-банални неща.

Месечната заплата на един църковен член бе около 15,000 американски долара, но веднъж получи много по-малко от обичайното. Тогава неохотно се оплака от Бог. По-късно призна, че не е бил благодарен за богатството, на което се радвал, защото имал алчност в сърцето си.

Трябва да сме благодарни за всичко, което Бог ни е дал, дори и да не печелим много пари. Алчността тогава няма да се увеличи в сърцата ни и ще получим благословии от Бога.

За нас става все по-лесно да бъдем търпеливи, когато отхвърлим злото и станем святи. Ще издържим спокойно, дори и в трудни ситуации. Ще разберем и ще простим на другите, без да се налага да потискаме нещо.

Лука 8:15 гласи: *„А посятото на добра земя са тия, които, като чуят словото, държат го в искрено и добро сърце, и дават плод с търпение."* По-конкретно, хората, които имат добри сърца като добра почва, проявяват търпение докато получат добри плодове.

При все това, ние се нуждаем от издържливост и трябва да положим усилия, за да променим сърцата си в добра почва. Светостта не се постига автоматично само с желанието ни да я имаме. Трябва да се подчиняваме на истината, като се молим страстно от все сърце и постим. Необходимо е да изоставим това, което някога сме обичали и да отхвърлим това, което не е духовно ползотворно. Не трябва да се отказваме по средата или да спрем да се опитаме след няколко опита. Трябва да направим всичко възможно чрез себеобуздание и действие според Божието слово, докато пожънем изцяло плода на осветяването и докато постигнем нашата цел.

Крайната дестинация на нашата вяра е небесното царство и по-конкретно, най-красивото обиталище – Новият Ерусалим. Трябва да продължим да вървим със старание и търпение докато стигнем нашата дестинация.

Понякога виждаме случаи, когато хората изпитват забавяне в скоростта на осветяване на сърцата им, след като са водили прилежен християнски живот.

Те отхвърлят бързо „делата на плътта", защото това са греховете, които са видими външно. Тъй като „нещата на плътта" не се виждат външно, отхвърлянето им се забавя. Когато открият неистина в себе си, те се молят усилено, за да я отхвърлят, но забравят за това няколко дни по-късно. За да отстраните изцяло бурена, трябва да го изкорените, а не просто да му откъснете листата. Същият принцип се прилага за греховните природи. Трябва да се молите и да промените сърцето си до край, докато ги изкорените.

Когато бях нов вярващ, аз се молих, за да отстраня някои грехове, защото разбрах от Библията, че Бог мрази много греховни качества като омраза, гняв и арогантност. Когато упорито спазвах моите перспективи, аз не бях в състояние да отстраня омразата и лошите чувства от сърцето си. Въпреки това, в молитва Бог ми даде благоволението да разбера другите от тяхната гледна точка. Всички мои негативни чувства против тях се стопиха и омразата ми изчезна.

Научих се да бъда търпелив, докато отхвърлях гнева. В

ситуация, в която бях погрешно обвинен, аз броях наум: „едно, две, три, четири..." и премълчавах думите, които исках да произнеса. Отначало беше трудно да сдържа моя гняв, но продължавах да се опитвам и гневът и раздразнението ми постепенно изчезнаха. В крайна сметка, дори в много провокативна ситуация, аз не изпитвах никакъв гняв.

Мисля, че ми трябваха три години, за да отхвърля арогантността. Когато бях нов във вярата, аз дори не знаех какво е арогантност, но просто се молих, за да я отхвърля. Продължавах да проверявам себе си, докато се моля. В резултат на това, бях в състояние да уважавам и да почитам дори хората, които изглеждаха по-ниски от мен в много отношения. По-късно, започнах да служа на други пастори със същата нагласа, независимо дали заемаха ръководни длъжности или бяха отскоро ръкоположени. След търпеливи молитви в продължение на три години, аз осъзнах, че нямах никакви качества на арогантност в мен и от този момент нататък, не беше вече необходимо да се моля за арогантността.

Ако не изкорените корена на греховната природа, това конкретно качество на греха ще се появи отново в екстремна ситуация. Възможно е да се разочаровате, когато осъзнаете, че все още имате характеристики на неправедно сърце, за които сте мислели, че вече сте ги отхвърлили. Можете да се обезкуражите, мислейки: „Опитах толкова усилено да ги отхвърля, но все още са в мен."

Възможно е да намерите форми на неистина във Вас, докато изкорените корена на греховната природа, но това не означава, че не сте постигнали духовен напредък. Когато белите една глава лук, ще видите едни и също слоеве да се появяват отново и отново. Ако продължите да белите без да спирате, лукът накрая ще изчезне. Същото е с греховните природи. Не трябва да се обезкуражавате, само защото все още не сте ги отстранили напълно. Трябва да имате търпение до края и да продължите да опитвате по-усилено, докато видите, че сте се променили.

Други хора се обезкуражават, ако не получат веднага материални благословии, след като действат според Божието слово. Те мислят, че не получават нищо в замяна, освен загуба, когато действат с добрина. Някои хора дори се оплакват, че посещават редовно църквата, но не получават благословии. Разбира се, няма причини да се оплакват. Те просто не получават благословии от Бога, защото все още действат неправедно и не отхвърлят нещата, които Бог заповядва да отхвърлим.

Фактът, че те се оплакват доказва, че вярата им не е правилна. Вие не се изморявате, ако действате в милост и истина с вяра. Колкото повече действате с добрина, толкова по-радостни ставате и желаете повече от нещата на милостта. Когато станете святи с вярата по този начин, душата Ви ще преуспява, всички неща ще бъдат добре за Вас и ще бъдете здрави.

Вторият вид търпение е търпението сред хората.
Възможно е да имате конфликти, когато общувате с хора, които имат различни характери и образование. По-конкретно, църквата е място, където се събират хора от

различни среди. Ето защо, започвайки с банални въпроси, до по-големи и сериозни неща, може да имате различни мнения и мирът да бъде нарушен.

Тогава хората казват: „Неговият начин на мислене е напълно различен от моя. За мен е трудно да работя с него, защото имаме много различни характери." Но дори и между жената и мъжа, колко двойки имат съвършено сходни характери? Техните житейски навици и вкусове са различни, но е нужно да си отстъпват взаимно, за да се разбират.

Хората, които желаят святост, ще бъдат търпеливи във всяка ситуация с всеки човек и ще поддържат мир. Дори и в някои трудни и неудобни ситуации, те се опитват да бъдат любезни с другите. Винаги ги разбират с добро сърце и издържат, търсейки ползата за тях. Дори и когато другите действат лошо, те просто понасят с тях. Отплащат се за тяхното зло само с милост, а не с лошо.

Трябва да бъдем търпеливи също, когато покръстваме или съветваме душите или когато обучаваме църковни работници, за да постигнат Божието царство. Докато провеждам пасторално духовенство, виждам, че някои хора се променят много бавно. Когато те се сприятеляват със света и опозоряват Бога, аз проливам много сълзи в скръбта си, но никога не се отказвам от тях до мен. Винаги търпя с тях, защото имам надежда някога да се променят.

Когато обучавам църковните работници, трябва да съм търпелив дълго време. Не мога просто да нареждам на всички подчинени или да ги принудя да правят, каквото искам. Дори и да знам, че нещата ще бъдат постигнати малко по-бавно, аз не прекратявам работата на църковните работници с думите: „Не сте достатъчно способни. Уволнени сте." Просто понасям с тях и ги ръководя, докато станат способни. Проявявам търпение за тях в продължение на пет, десет или петнадесет години, за да имат способността да изпълнят задълженията си чрез духовно обучение.

Не само, когато не получат никакъв плод, но и когато правят нещата погрешно, аз издържам с тях, за да не се препъват. Би било по-лесно, ако друг способен човек направи това вместо тях или ако този човек бъде заменен с някой по-квалифициран. Причината, заради която издържам до край, е заради всяка душа. Причината е също да постигна Божието царство в по-голяма степен.

Ако посеете семето на търпението по този начин, със сигурност ще получите плода, според Божието правосъдие. Например, ако изтърпите с някои души, докато се променят, молейки се за тях със сълзи, ще имате широко сърце, за да приемете всички. Ето защо, ще получите властта и силата да съживите много души. Ще получите силата да промените душите, които приемате в сърцето си, чрез молитвата на праведен човек. Също така, ако контролирате Вашето сърце и посявате семето на издръжливостта, дори и пред фалшиви обвинения, Бог ще Ви позволи да пожънете плода на благословиите.

На трето място е търпението в отношението ни с Бога.
Това е търпението, което трябва да имате, докато получите отговора на Вашата молитва. Марко 11:24 гласи: „*Затова ви*

казвам: *Всичко каквото поискате в молитва вярвайте, че сте го получили, и ще ви се сбъдне."* Можем да повярваме на всички думи в шестдесет и шестте книги на Библията, ако имаме вяра. Бог обещава да получим това, което искаме и затова ще постигнем всичко с молитва.

Разбира се, това не означава, че трябва просто да се молим и да не правим нищо. Трябва да спазваме Божието слово по такъв начин, че да сме способни да получим отговора. Например, студентът, чийто оценки са средни за класа, се моли да стане отличник. Въпреки това, той е разсеян в часовете и не учи. Може ли да стане отличник? Трябва да учи усилено, докато се моли страстно, за да му помогне Бог да стане отличник.

Същото се отнася и за провеждането на бизнес. Вие усилено се молите бизнесът Ви да преуспява, но Вашата цел е да имате друга къща, да инвестирате в недвижим имот и да имате луксозна кола. Ще бъдете ли способни да получите отговора на Вашата молитва? Разбира се, Бог иска Неговите деца да имат живот в изобилие, но Той не е доволен от молитви, в които искате неща, които да задоволят Вашата алчност. Ако желаете да получите благословии, за да помогнете на нуждаещите се и да подкрепите мисионерските дела, ако следвате правия път без да правите нищо незаконно, Бог със сигурност ще Ви поведе по пътя на благословиите.

Има много обещания в Библията, че Бог ще отговори на молитвите на Неговите деца. Въпреки това, в много случаи хората не получават техните отговори, защото не са достатъчно търпеливи. Възможно е хората да искат непосредствен отговор, но Бог да не им отговори веднага.

Бог им отговаря по най-удачния и навременен начин, защото знае всичко. Ако обектът на тяхната молитва е нещо голямо и важно, Бог ще им отговори само, когато размерът на молитвата е изпълнен. Когато Данаил се молил, за да получи разкриването на духовните неща, Бог веднага изпратил Своя ангел, за да отговори на молитвата му. Въпреки това, изминали двадесет и един дни преди Данаил да се срещне с ангела. През тези двадесет и един дни, Данаил продължил да се моли със същото усърдно сърце, както в началото. Ако вярваме истински, че вече ни е отдадено нещо, тогава не е трудно да чакаме да го получим. Просто ще мислим за щастието, което ще изпитаме, когато получим действително решенията на проблема.

Някои вярващи нямат търпение да получат това, което искат от Бога в молитвата. Те се молят и постят, за да искат от Бога, но ако отговорът не дойде достатъчно бързо, просто се отказват, мислейки, че Бог няма да им отговори.

Няма да се обезсърчим или откажем, ако наистина вярваме и се молим. Не знаем кога ще дойде отговора: утре, довечера, след следващата молитва или след година. Бог знае кога е най-подходящото време, за да ни отговори.

Яков 1:6-8 гласи: *„Но да проси с вяра без да се съмнява ни най-малко; защото, който се съмнява прилича на морски вълни, които се тласкат и блъскат от ветровете. Такъв човек да не мисли, че ще получи нещо от Господа, понеже е колеблив, непостоянен във всичките си пътища."*

Единственото важно нещо е колко силно вярваме, когато

се молим. Ако вярваме истински, че вече сме получили отговора, ще бъдем щастливи и доволни във всякаква ситуация. Ако имаме вярата, за да получим отговора, ние ще се молим и ще действаме с вяра, докато получим плода в ръцете си. Освен това, когато преминаваме през злочестини в сърцето или преследвания, извършвайки Божието дело, ще получим плодовете на милостта само чрез търпение.

Търпение на бащите на вярата

Има трудни моменти по време на един маратон. Радостта от завършването на курса след преодоляване на такива трудни моменти ще бъде толкова велика, че я разбират само онези, които са ги изпитали. Божите деца, тичащи в маратона на вярата, също ще изпитат трудности, но ще преодолеят всичко, гледайки към Исус Христос. Бог ще им даде Неговата благосклонност и сила и Светият дух също ще им помогне.

Евреи 12:1-2 гласи: *„Следователно и ние, като сме обиколени от такъв голям облак свидетели, нека отхвърлим всяка тегота и греха, който лесно ни сплита, и с търпение нека тичаме на предлежащето пред нас поприще като гледаме на Исуса начинателя и усъвършителя на вярата ни, който, заради предстоящата Нему радост, издържа кръст, като презря срама и седна отдясно на Божия престол."*

Исус изпитал голямо презрение и подигравки от неговите творения, докато изпълнил провидението за спасение. Той издържал до края, без да мисли за физическия срам, защото знаел, че ще седи от дясната страна на Божия трон и че ще има спасение за човечеството. В крайна сметка умрял на кръста, поемайки греховете на човечеството, но възкръснал на третия ден, за да открие пътя към спасението. Бог определил Исус като Цар на царете и Бог на боговете, защото се подчинил до смърт с любов и вяра.

Яков бил внук на Авраам и станал баща на нацията на Израел. Той имал неизменно сърце. Взел рожденото право на своя брат Исау като го измамил и избягал в Харан. Той получил Божието обещание в Бетел.

Битие 28:13-15 гласи: *„...земята на която лежиш ще дам на тебе и на потомството ти.. Твоето потомство ще бъде многочислено, като земния пясък; ти ще се разшириш към запад и към изток, към север и към юг; и чрез тебе и чрез твоето потомство ще се благословят всички племена на земята. Ето, Аз съм с тебе и ще те пазя, където и да идеш, и ще те върна пак в тая земя; защото няма да те оставя, докато не извърша това, за което ти говорих."* Яков издържал изпитания в продължение на двадесет години и накрая станал баща на израилтяните.

Йосиф бил единадесетият син на Яков и единствено той получил цялата любов на своя баща. Един ден собствените му братя го продали като роб в Египет. Станал роб в чужда държава, но не се обезсърчил. Положил максимални усилия в своята работа и получил признание от господаря си за своята вярност. Положението му се подобрило, докато се грижил за цялото домакинство, но го обвинили несправедливо и го изпратили в политически затвор. Изпитанията следвали едно след друго.

Разбира се, всички стъпки представлявали Божието благоволение в процеса на неговата подготовка да стане първи министър на Египет. Никой не знаел това, освен Бог. Въпреки всичко, Йосиф не се обезсърчил дори и в затвора, защото имал вяра и вярвал в Божието обещание, което получил в детството. Вярвал, че Бог щял да изпълни съня му, в който слънцето, луната и единадесет звезди на небето се поклонили пред него и не се разколебал в никаква ситуация. Вярвал изцяло на Бога, понесъл всички неща и следвал правилния път според Божието слово. Имал истинска вяра.

Ами ако Вие бяхте в същата ситуация? Можете ли да си представите как се чувствал той в продължение на 13 години от деня, в който го продали в робство? Вероятно ще се молите много на Бога, за да излезете от ситуацията. Сигурно ще се вгледате в себе си и ще се покаете за всички неща, за които се сещате, за да получите отговор от Бога. Ще се молите също за Божието благоволение с много сълзи и страстни думи. Как ще се чувствате ако не получите отговор след една, две и дори десет години, а ситуацията Ви единствено се влошава?

Той прекарал в затвора най-енергичните години от своя живот, наблюдавал дните си да минават безсмислено и сигурно щял да се чувства много нещастен, ако нямал такава вяра. Мислите за добрия живот в бащината му къща биха го накарали да се чувства още по-окаян. Въпреки всичко, Йосиф винаги вярвал в Бог, който го наблюдавал и в любовта на Бога, който дава най-доброто в удачното време. Никога не загубил надежда, дори в потискащи изпитания и действал с вярност и милост, проявявайки търпение до край, докато се сбъднал сънят му.

Давид също получил признание от Бог като човек, който наподобявал Божието сърце. Въпреки че го миропомазали като следващ цар, той трябвало да премине през много изпитания, включително да бъде преследван от Цар Саул. Често се намирал в опасни за живота му ситуации. При все това, понасяйки всички тези трудности с вяра, той станал велик цар, който бил способен да управлява Израел.

Яков 1:3-4 гласи: *"...като знаете, че изпитанието на вашата вяра произвежда твърдост. А твърдостта нека извърши делото си съвършено, за да бъдете съвършени и цели, без никакъв недостатък."* Призовавам Ви да култивирате изцяло това търпение. То ще повиши Вашата вяра и ще увеличи и задълбочи сърцето Ви, за да стане по-зряло. Ще изпитате благословиите и отговорите, които Бог обещал, ако постигнете изцяло търпение (Евреи 10:36).

Търпение да отидем на небесното царство

Нуждаем се от търпение, за да отидем на небесното царство. Някои хора казват, че ще се радват на света докато са млади и започват да посещават църква, след като остареят. Други водят прилежен живот с вяра и надежда за Божието пришествие, но след това загубват търпение и променят мнението си. Тъй като Господ не идва толкова бързо, колкото са очаквали, те чувстват, че е прекалено трудно да продължат да се стараят с вяра. Казват, че ще починат от пречистване на сърцето си и извършване на Божието дело и ще се стараят повече, когато бъдат сигурни, че са видяли знамение за Божието пришествие.

Никой не знае кога Бог ще повика духа ни или кога ще дойде Господ. Дори и да знаем това време предварително, няма да имаме толкова вяра, колкото искаме. Хората не могат просто да имат духовната вяра, която искат, за да получат спасение. То се отдава само с Божието благоволение. Врагът дявол и Сатаната няма просто да ги оставят да получат спасение толкова лесно. Ще бъдете способни да направите всичко с търпение, ако имате надежда да отидете в Новия Ерусалим на Небето.

Псалми 126:5-6 гласи: *„Ония, които сеят със сълзи, с радост ще пожънат. Оня, който излиза с плач, когато носи мярата семе, той непременно с радост ще се върне, носейки снопите си."* Определено има усилия, сълзи и скръб от наша страна, докато посяваме семената и ги отглеждаме. Понякога, необходимият дъжд не идва заради урагани или прекалено силни порои, които унищожават реколтата. Накрая със сигурност ще имаме радостта от изобилна реколта според правилата на справедливостта.

Бог чака хиляда години като един ден, за да получи истински деца и понесъл болката да даде Неговия единствен роден Син за нас. Господ изтърпял страданието на кръста и Светият дух също понася неописуеми стенания по времето на човешката култивация. Надявам се да култивирате пълно, духовно търпение, спомняйки си за тази любов на Бога, за да получите плодовете на благословии на тази земя и на Небето.

Лука 6:36

„Бъдете милосърдни, както и Отец ваш е милосърден."

Глава 6

Благост

Да разбираме и да прощаваме на другите с плода на благостта
Трябва да имаме сърце и дела, като тези на Господ
Да отхвърлим предубеждението, за да имаме благост
Да проявим милост за хората, които изпитват трудности
Да не сочим лесно недостатъците на другите
Да бъдем щедри към всички
Да почитаме другите

Благост

Понякога хората казват, че не разбират някого, дори и да се стараят или че не могат да му простят, дори и да се опитват. При все това, няма нищо, което да не разберем и няма никой, на който да не простим, ако сме получили плода на благостта в сърцето. Ще бъдем способни да разберем всеки човек с милост и да приемем всички хора с любов. Не бихме казали, че обичаме един човек поради определена причина и не харесваме друг, поради друга причина. Никого няма да мразим или да не харесваме. С никого не бихме имали лоши отношения, не бихме изпитвали лоши чувства и няма да имаме врагове.

Да разбираме и да прощаваме на другите с плода на благостта

Благостта е качеството или състоянието да бъдем благи. Въпреки това, духовното значение на благостта е по-скоро да бъдем милостиви. Духовното значение на милостта е „да разбираме в истината дори онези, които изобщо не са разбрани от хората." Това е също сърцето, което е способно да прости в истината, дори на онези, на които не може да бъде простено от хората. Бог показва състрадание към хората с милостиво сърце.

Псалми 130:3 гласи: *„Ако би забелязвал беззаконията, ГОСПОДИ, то кой, ГОСПОДИ, би могъл да устои?"* Както е записано, ако Бог нямаше милост и ни съдеше според правосъдието, никой нямаше да е в състояние да се изправи пред Него. Въпреки това, Бог простил и приел дори онези, които не биха могли да бъдат простени или приети, ако се приложеше строго правосъдието. Освен това, Бог дал живота на Неговия един и единствен Син, за да спаси тези хора от вечна смърт. Тъй като сме станали Божи деца, вярвайки в Господ, Бог иска да култивираме такова милостиво сърце. Поради тази причина, Бог казал в Лука 6:36: *„Бъдете милосърдни, както и Отец ваш е милосърден."*

Тази милост е подобна на любовта, но е и различна по редица начини. Духовната любов означава да бъдем способни да се пожертваме за другите, без да получим нищо в замяна, докато милостта е повече опрощение и приемане. По-конкретно, това означава да бъдем способни да приемем и да прегърнем всичко в човека, да не го разбираме погрешно и да не го мразим, дори и да не е достоен да получи любов. Вие не бихте мразили или избягвали някого, само защото мненията му са различни от Вашите, но вместо това бихте станали сила и утеха за него. Ако имате топло сърце, за да приемете другите, не бихте разкрили техните недостатъци или прегрешения, а ще ги прикриете и приемете, за да имате добри отношения с тях.

Имало едно събитие, което разкрило много ярко това сърце на милостта. Един ден, Исус се молил цяла нощ на Елеонския хълм и дошъл в храма на сутринта. Много хора се събрали, докато седял долу и започнало вълнение, когато проповядвал Божието слово. Сред тълпата имало множество писари и Фарисеи, които завели една жена пред Исус. Тя треперила от страх.

Казали на Исус, че жената била хваната в акт на

прелюбодейство и Го попитали какво би направил с нея, защото Законът гласял, че такава жена трябвало да бъде убита с камъни. Ако Исус им кажел да я убият, това нямало да съответства на учението Му, което гласи: „Обичай враговете си." Ако им кажел да й простят, това би нарушило Закона. Изглеждало, че Исус се намирал в много трудна ситуация. Въпреки това, Исус просто написал нещо на земята и казал, както е записано в Йоан 8:7: *„Но като постоянствуваха да Го питат, Той се изправи и рече им: който от вас е безгрешен, нека пръв хвърли камък на нея."* Хората имали угризения на съвестта и си тръгнали един по един. Накрая там останали само Исус и жената.

В Йоан 8:11 Исус й казал: *„Нито Аз те осъждам. Иди си. Отсега не съгрешавай вече."* Думите *„Нито Аз те осъждам"* означават, че й простил. Исус простил на една жена, на която не можело да се прости и й дал шанс да се откаже от греховете. Това е сърцето на милосърдието.

Трябва да имаме сърце и дела, като тези на Господ

Милостта означава истински да прощаваме и да обичаме дори враговете си. Така, както майката се грижи за нейното новородено бебе, ние трябва да приемем и да прегърнем всеки. Дори когато хората имат големи прегрешения или са извършили тежки грехове, първо трябва да имаме милост, вместо да ги критикуваме и осъждаме. Трябва да мразим греховете, но не и грешника; него трябва да разберем и да го оставим да живее.

Представете си едно дете с много крехко тяло, което често се разболява. Какво ще изпитва майката към детето? Няма да се чуди защо се е родило така и защо й е създало толкова много трудности. Няма да мрази детето заради това. Вместо това, ще изпитва по-голяма любов и състрадание към него, отколкото към други деца, които са здрави.

Синът на една майка бил умствено изостанал. На двадесет годишна възраст, умственото му развитие било на две-годишно дете и майката не сваляла очи от него. Въпреки това, тя никога не считала за трудно да се грижи за своя син. Просто изпитвала съчувствие и състрадание, докато се грижила за него. Ако получим изцяло този плод на милостта, ще имаме милост не само за нашите собствени, но и за всички деца.

Исус проповядвал евангелието за небесното царство по време на Неговото духовенство. Основните му слушатели не били богатите и могъщите, а бедните, пренебрегнатите или онези, които хората считат за грешници, като бирници или блудници.

Същото било, когато Исус избрал Неговите ученици. Хората биха помислили, че би било мъдро да избере ученици от онези, които познавали Закона на Бога, защото би било по-лесно да ги обучава за Божието слово. Но Исус не избрал тези хора. За Неговите ученици избрал Матей, който бил бирник, Петър, Андрей, Яков и Йоан, който бил рибар.

Исус излекувал също различни видове болести. Един ден, Той излекувал човек, който бил болен от тридесет и осем години и чакал да се раздвижат водите в басейна на Бетесда. Изпитвал болка, без никаква надежда за живот, но никой не му обръщал внимание. Исус отишъл при него и го попитал: „Искаш ли да оздравееш?" и го излекувал.

Исус излекувал също една жена, която кървяла от дванадесет години. Той отворил очите на Вартимей, който бил сляп просяк (Матей 9:20-22; Марко 10:46-52). По Своя път към един град, наречен Наин, видял една вдовица, чийто син бил мъртъв. Изпитал жалост към нея и съживил мъртвия й син (Лука 7:11-15). Освен тези случаи, Той се грижил за хората, които били потиснати. Сприятелил се с пренебрегнатите, като бирници и грешници.

Някои хора Го критикували, защото се хранил с грешниците: *„Защо яде вашият учител с бирниците и грешниците?"* (Матей 9:11). Исус отговорил: *„Здравите нямат нужда от лекар, а болните. Но идете и научете се що значи тази дума: „Милост искам, а не жертви", защото не съм дошъл да призова праведните, а грешните"* (Матей 9:12-13). Той ни учил за сърцето на състрадание и милост за грешниците и болните.

Исус не помогнал само на богатите и праведните, но главно на бедните, болните и грешниците. Ще получим бързо плода на милостта, ако подражаваме на това сърце и тези дела на Исус. Нека сега разгледаме какво конкретно трябва да направим, за да получим плода на милостта.

Да отхвърлим предубеждението, за да имаме благост

Светските хора често оценят другите според външността. Тяхното отношение към хората се променя, в зависимост от това дали ги считат за богати или известни. Божите деца не трябва да осъждат хората според външния им вид или да променят своето отношение на сърцето само заради външността им. Трябва да считаме за по-добри от нас дори малките деца или онези, които изглеждат по-нисши и да им служим със сърцето на Господ.

Яков 2:1-4 гласи: *„Братя мои, да не държите вярата на прославения наш Господ Исус Христос с лицеприятие. Защото, ако влезе в синагогата ви човек със златен пръстен и с хубави дрехи, а влезе и сиромах с оплескани дрехи и погледнете с почит към оня, който е с хубавите дрехи, та речете: 'Ти седни тука на добро място', а на сиромаха речете: 'Ти стой там, или: Седни до подножието ми' не правите ли различия помежду си, и не ставате ли пристрастни съдии?"*

Също така, 1 Петрово 1:17 гласи: *„И ако призовавате като Отец Този, който без лицеприятие съди, според делото на всекиго, то прекарайте със страх времето на вашето престояване."*

Ако получим плода на милостта, няма да съдим или да критикуваме другите според външния им вид. Трябва също да проверим дали имаме предубеждение или фаворитизъм в духовен смисъл. Някои хора имат трудности при разбирането на духовни въпроси. Други имат телесни недостатъци и казват нещо или правят неща, които са извън контекста в определени ситуации. Други действат по начини, които не са в съответствие с отношението на Господ.

Не изпитвате ли смущение, когато общувате или виждате такива хора? Не се ли затваряте за тях и не искате ли да ги избегнете в известна степен? Случвало ли Ви се е да смутите другите с агресивни думи или неучтиво отношение?

Също така, някои хора обсъждат и осъждат като съдии някой, който е съгрешил. Много хора сочили с пръст жената, която прелюбодействала, когато била заведена при Исус, като я съдили и критикували. Исус не я осъдил, а й дал възможност за спасение. Ако имате такова сърце на милост, ще изпитвате състрадание към хората, които получават наказания за греховете си и ще се надявате да ги преодолеят.

Да проявим милост за хората, които изпитват трудности

Ще изпитваме състрадание към онези, които са в затруднения и с радост ще им помогнем, ако сме милостиви, Няма само да изпитваме жалост в сърцата си и да им кажем: „Действай според сърцето си и бъди силен!" само с думи, а действително ще им помогнем.

1 Йоаново 3:17-18 гласи: *„Но ако някой, който има световните блага, вижда брата си в нужда, а заключи сърцето си от него, как ще пребъдва в него любов към Бога? Дечица, да не любим с думи нито с език, но с дело и в*

действителност.“ Също така, в Яков 2:15-16 е записано: *„Ако някой брат или някоя сестра са голи и останали без ежедневна храна и някой от вас им рече: Идете си с мир, дано бъдете стоплени и нахранени, а не им дадете потребното за тялото, каква полза?“*

Не трябва да мислите: „Съжалявам, че гладува, но наистина не мога да направя нищо, защото имам само за мен." Ако наистина съжалявате от все сърце, ще споделите и дори ще подарите Вашата порция. Ако човек мисли, че не е в положение да помогне на другите, тогава е много вероятно да не го направи, когато стане богат.

Това не се отнася само за материални неща. Когато видите някой да страда от някакъв проблем, Вие ще искате да помогнете и да споделите болката с този човек. Това е милост. По-конкретно, трябва да се грижите за онези, които попадат в Ада, защото не вярват в Господ. Ще направите всичко възможно, за да ги поведете по пътя на спасението.

В Централната църква Манмин, от нейното откриване, има велики дела на Божията сила. Но аз продължавам да се моля за по-велика сила и посвещавам живота си на нейното представяне. Така е, защото аз самият страдах от бедност и изпитах изцяло болката от загубената надежда заради болестта. Когато виждам хората, които изпитват проблеми, аз чувствам болката им като моя собствена и искам да им помогна в максимална степен.

Желанието ми е да разреша проблемите им, да ги спася от наказанията на Ада и да ги поведа към Небето. Как мога сам да помогна на толкова много хора? Отговорът, който получих на това, е Божията сила. Въпреки че не съм в състояние да разреша всички проблеми на бедността, болестите и толкова много други въпроси на всички хора, аз мога да им помогна да срещнат и да изпитат Бог. Ето защо, аз се опитвам да покажа по-велика сила на Бога, за да могат повече хора да Го срещнат и да Го изпитат.

Разбира се, показването на силата не е завършване на процеса на спасение. Дори и да получат вяра като виждат силата, ние трябва да се грижим за тях физически и духовно, докато застанат здраво на вярата. Ето защо, правих всичко възможно да помогна на нуждаещите се, дори и когато самата църква имаше финансови затруднения. Така бяха способни да вървят към Небето с повече сили. Притчи 19:17 гласи: *„Който показва милост към сиромаха заема ГОСПОДУ и Той ще му въздаде за благодеянието му."* Ако се грижите за душите със сърцето на Господ, Бог със сигурност ще Ви се отплати с Неговите благословии.

Да не сочим лесно недостатъците на другите

Ако обичаме някого, трябва понякога да го съветваме или порицаваме. Децата няма да бъдат добре възпитани, ако родителите не ги смъмрят изобщо, а им прощават винаги, защото ги обичат. Въпреки това, няма лесно да наказваме, порицаваме или да посочваме недостатъците, ако имаме милост. Когато съветваме някого, ще го правим с внимание и с грижа за неговото сърце. Притчи 12:18 гласи: *„Намират се такива, чието несмислено говорене пронизва като нож, а* *езикът на мъдрите докарва здраве.“* Пасторите и ръководителите, които учат вярващите, трябва да имат предвид тези думи.

Лесно е да кажете: „Сърцето ти не е изпълнено с истината и не удовлетворява Бога. Имаш този и този недостатък и хората не те обичат заради тези неща." Дори и казаното от Вас да е истина, ако посочвате недостатъците от гледна точна на Вашата самонадеяност или стереотипи без любов, това не дава живот. Хората няма да се променят в резултат на този съвет, в действителност, чувствата им ще бъдат наранени, ще се обезсърчат и ще загубят сила.

Понякога, църковните членове искат от мен да посоча грешките им, за да ги разберат и да променят себе си. Те твърдят, че искат да осъзнаят своите недостатъци и да се променят. Ето защо, ако започна много внимателно да говоря, те ме прекъсват, за да обяснят мнението си и аз не мога да ги посъветвам. Съветването не е нещо лесно. В този момент приемат съвета с благодарност, но никой не знае какво ще се случи в сърцето им, ако загубят пълнотата на Духа.

Понякога трябва да изтъкна неща, за да се постигне Божието царство или да позволя хората да получат решение на проблемите си. Наблюдавам лицата им внимателно, с надеждата да не се обидят или обезсърчат.

Разбира се, когато Исус упрекнал Фарисеите и писарите със силни думи, те не били способни да приемат Неговия съвет. Исус им дал възможност поне един от тях да Го послуша и да се покае. Те били учители на хората, затова Исус искал да се осъзнаят и да не бъдат измамени от лицемерието им. Освен тези специални случаи, не трябва да произнасяте думи, които могат да обидят чувствата на другите или да разкрият техните прегрешения и да залитнат. Когато е абсолютно необходимо да дадете съвет, трябва да направите това с любов, замисляйки се от гледна точка на другия човек и с грижа за душата му.

Да бъдем щедри към всички

Повечето хора са способни щедро да дадат това, което имат, в известна степен на онези, които обичат. Дори скъперниците заемат или дават подаръци на другите, ако знаят, че ще получат нещо в замяна. В Лука 6:32 е записано: *„Понеже ако обичате само ония, които обичат вас, каква благодарност ви се пада? Защото и грешниците обичат ония, които тях обичат."* Ще получим плода на милостта, когато даваме от себе си, без да искаме нищо в замяна.

Исус знаел от самото начало, че Юда щял да Го предаде, но се отнасял с него по същия начин, както с останалите Си ученици. Той му дал много възможности, за да се разкае. Дори когато Го разпънали на кръста, Исус се молил за онези, които Го разпънали. Лука 23:34 гласи: *„Отче, прости им, защото не знаят какво правят."* Това е милостта, с която прощаваме дори на онези, на които изобщо не може да бъде простено.

В книгата Деяния виждаме, че Стефан също получил плода на милостта. Той не бил апостол, но бил изпълнен с Божията милост и сила. Големи знамения и чудеса се случили чрез него. Хората, които не вярвали в този факт, се опитали неуспешно да спорят с него, но той отговорил с Божията мъдрост в Светия дух. Записано е, че хората видяли лицето му и то било лице на ангел (Деяния 6:15).

Евреите изпитвали угризения на съвестта, когато слушали неговите проповеди. Накрая го извели от града и го убили с камъни. Дори когато умирал, той се молил за онези, които хвърляли камъни по него: *"Господи, не им считай тоя грях!"* (Деяния 7:60). Това ни показва, че той вече им бил простил. Той не изпитвал омраза, а състрадание към тях и имал само плода на милостта. Стефан бил способен да покаже велики дела, защото имал такова сърце.

В каква степен сте култивирали такъв вид сърце? Има ли все още някой, когото не харесвате или някой, с когото не се разбирате? Трябва да можете да приемете и да прегърнете другите, дори и техните характери и мнения да не съвпадат с Вашите. Трябва първо да мислите от тяхна гледна точка. Тогава ще промените чувствата на неприязън към този човек.

Ако просто мислите: „Защо направи това? Не го разбирам", тогава ще имате негативни чувства и няма да се чувствате добре, когато го видите. Но ако помислите: „А, възможно е да действа така от неговата позиция", тогава ще промените чувствата на неприязън. Сега ще имате милост към човека, който не е способен да действа по друг начин и ще се молите за него.

Когато промените Вашите мисли и чувства по този начин, ще изкорените омразата и други негативни чувства едно по едно. Няма да приемете другите, ако продължавате да настоявате на собственото си мнение. Няма също да изкорените омразата или негативните чувства във Вас. Трябва да отхвърлите Вашата самонадеяност и да промените Вашите мисли и чувства, за да приемете и да служите на всякакъв вид хора.

Да почитаме другите

За да получим плода на милостта, трябва да признаваме заслугите на другите, когато нещо е направено добре и трябва да приемем вината, когато нещо е грешно. Когато другият човек получи цялото признание и е оценен повече, дори и да сте работили заедно, Вие пак ще се радвате с него, сякаш е Вашето собствено щастие. Няма да се чувствате неприятно, мислейки, че сте работили повече и че този човек е оценен, въпреки, че има много недостатъци. Ще бъдете единствено благодарни, считайки, че той ще бъде по-уверен и ще работи по-усилено, след като е оценен от другите.

Ако майката направи нещо с детето си и само детето получи награда, как ще се чувства майката? Сигурно няма нито една майка, която да се оплаче, че е помогнала на детето си, за да извърши нещата правилно и не е получила никаква награда. Също така, за една майка е хубаво да слуша от другите, че е красива, но тя ще е по-щастлива, ако хората казват, че е красива дъщеря й.

Ще поставим всеки човек пред нас и да му припишем заслугите, ако имаме плода на милостта. Ще се радваме заедно с него, сякаш самите ние сме оценени. Милостта е характеристиката на Бащата Бог, който е изпълнен със състрадание и любов. Не само милостта, но всеки от плодовете на Светия дух също е сърцето на съвършения Бог. Любовта, радостта, мирът, търпението и всички други плодове са различните аспекти на Божието сърце.

Следователно, да получим плодовете на Светия дух означава, че трябва да се стремим да имаме сърцето на Бог в нас и да сме съвършени като Него. Колкото повече съзряват във Вас духовните плодове, толкова по-красиви ще станете и Бог няма да е способен да сдържа любовта Си към Вас. Той ще се радва за Вас, казвайки, че сте Негови синове и дъщери, които толкова много Му приличат. Ако станете Божи деца, които Го удовлетворяват, ще получите всичко, което искате в молитва и дори нещата, които таите в сърцето си – Бог ги познава и Ви отговаря за тях. Надявам се всички вие да получите изцяло плодовете на Светия дух и да удовлетворите Бога във всички неща, за да преливате от благословии и да се радвате на голяма почит на небесното царство като деца, които съвършено приличат на Бога.

Филипяни 2:5

„Имайте в себе си същия дух,

който беше и в Христа Исуса."

Против такива неща няма закон

Глава 7

Милост

Плодът на милостта
Търсене на милостта според желанието на Светия дух
Търсете милост във всички неща като добър самарянин
Не спорете и не се хвалете в никаква ситуация
Смазана тръстика не пречупвайте и замъждял фитил не угасявайте
Сила, за да следваме милостта в истината

Милост

Една вечер, един младеж с окъсани дрехи отишъл да види една възрастна двойка, за да наеме стая. На двойката й дожаляло за него и му наели стаята. Този младеж обаче не ходел на работа, а прекарвал дните си в пиене. Повечето хора в подобен случай биха го изгонили, мислейки, че не би могъл да си плаща наема. Тези хора обаче му носили храна от време на време и го окуражавали докато проповядвали евангелието. Той бил трогнат от техните прояви на любов, защото се отнасяли с него като със свой син. Накрая приел Исус Христос и станал нов човек.

Плодът на милостта

Да обичаме дори пренебрегнатите или бездомните до край и безотказно е милост. Плодът на милостта не само се поражда в сърцето, но се разкрива в действията, както в случая с възрастната двойка.

Ако получим плода на милостта, ще издаваме навсякъде аромата на Христос. Хората около нас ще бъдат трогнати, виждайки нашите добри дела и възхвалявайки Бога.

„Милост" е качеството да бъдем любезни, внимателни, нежни и непорочни. Въпреки това, в духовен смисъл сърцето търси милост в Светия дух, която е милост в истината. Ако получим изцяло плода на милостта, ще имаме сърцето на Господ, което е чисто и непорочно.

Понякога, дори невярващите, които не са получили Светия дух, следват милостта в своя живот в известна степен. Светските хора отличават и преценяват дали нещо е добро или лошо според своите сознания. Ако нямат угризения на съвестта, светските хора мислят, че са добри и праведни. Но съзнанието на хората е различно за всеки човек. За да разберем милостта, както в плода на Духа, трябва първо да разберем съзнанието на хората.

Търсене на милостта според желанието на Светия дух

Някои нови вярващи могат да критикуват проповедите според собствените си знания и съзнание, казвайки: „Тази забележка не съответства на тази научна теория." При все това, когато израснат във вярата и научат Божието слово, те разбират, че техният критерий за оценка не е правилен.

Съзнанието е стандартът за отличаване между доброто и лошото, което се основава на основата на нашата природа. Човешката природа зависи от вида на жизнената енергия, с която човек е роден и от средата, в която е отгледан. Онези деца, които получават добра жизнена енергия, имат сравнително добри природи. Също така, хората, които са отгледани в добра среда, виждайки и слушайки множество добри неща, са склонни да формират добри сознания. От друга страна, ако човек е роден с много зли природи от своите родители и влезе в контакт с много лоши неща, вероятно е природата и съзнанието му да станат лоши.

Например, децата, които са научени да бъдат честни, ще имат угризения на съвестта, когато лъжат. Децата, които са отгледани сред лъжци, ще намират за естествено да лъжат. Те дори не съзнават, че лъжат. Мислейки, че е добре да се лъже, техните съзнания са така опорочени, че те дори нямат угризения на съвестта за това.

Също така, дори и децата да са отгледани от едни и същи родители в една и съща среда, те приемат нещата по различен начин. Някои деца просто се подчиняват на своите родители, докато други имат много силна воля и не са склонни да се подчиняват. Ето защо, дори и да са отгледани от едни и същи родители, съзнанията им ще бъдат формирани различно.

Съзнанията ще се формират различно, в зависимост от социалните и икономически ценности, с които са израснали. Всяко общество има различна ценностна система и стандартите преди 100 години, преди 50 години и в днешно време са различни. Например, когато имало робство, хората не считали за погрешно да бият робите и да ги принуждават да работят. Също така, само преди 30 години, за жените не е било социално-допустимо да показват телата си на обществени места. Както беше споменато по-нагоре, съзнанията се променят според всеки човек, област и време. Хората, които мислят, че следват своето съзнание, просто следват това, което считат за добро. Въпреки това, не може да се каже, че действат с абсолютна милост.

Но ние, които вярваме в Бога, имаме един и същи стандарт, с който отличаваме доброто от злото. Разполагаме с Божието слово като стандарт. Този стандарт е един и същ вчера, днес и завинаги. Духовната милост означава да имаме тази истина като наше съзнание и да я следваме. Това е желанието да следваме желанията на Светия дух и да търсим милост. При все това, желанието да следваме милостта не означава, че сме получили плода на милостта. Получили сме плода, само когато желанието да следваме милостта е представено и приложено на действия.

Матей 12:35 гласи: *„Добрият човек от доброто си съкровище изважда добри неща."* В Притчи 22:11 също е записано: *„Който обича чистота в сърцето и има благодатни устни, царят ще му бъде приятел."* Както гласят горните стихове, хората, които наистина търсят милост, естествено ще имат добри действия, които се виждат външно. Където и да ходят и когото и да срещат, те показват щедрост и любов с добри думи и дела. Така, както хората, напръскани с парфюм, издават хубав аромат, добрите хора издават аромата на Христос.

Някои хора желаят да култивират добро сърце, затова следват духовни личности и искат да са приятели с тях. Те се радват да слушат и да учат истината. Лесно се трогват и проливат много сълзи. Въпреки това, не са в състояние да култивират добро сърце, само защото го искат. Ако те са чули и научили нещо, трябва да го култивират в сърцето си и действително да го прилагат. Например, ако на Вас Ви харесва да бъдете около добри хора и избягвате онези, които не са добри, означава ли това, че наистина искате милост?

Научаваме неща дори от онези, които не са добри. Дори и да не научите нищо от тях, ще се поучите от живота им. Ако някой има избухлив характер, ще научите, че с този характер той често участва в кавги и спорове. От това разбирате, че не трябва да имате избухлив характер. Ако общувате само с добрите хора, няма да научите за относителността на нещата, които виждате или чувате. Винаги има какво да се научи от всички хора. Възможно е да считате, че желаете милост твърде много, да научавате и да разбирате много неща, но трябва да проверите дали не Ви липсват реални дела на милост.

Търсете милост във всички неща като добър самарянин

Нека разгледаме по-подробно какво е духовната милост, което означава да се стремим към милост в истината и в Светия дух. В действителност, духовната милост е много широко понятие. Божията природа е милост и тази милост е въплътена в Библията. Ароматът на милостта се усеща много добре от стиха във Филипяни 2:1-4.

> *„И тъй, ако има някоя утеха в Христа, или някоя разтуха от любов, или някое общение на Духа, или някое милосърдие и състрадание, направете радостта ми пълна, като мислите все едно, като имате еднаква любов и бъдете единодушни и единомислени. Не правете нищо от партизанство или от тщеславие, но със смиреномъдрие нека всеки счита другия по-горен от себе си. Не гледайте всеки само за своето, но всеки и за чуждото."*

Човекът, който е получил духовна милост, търси милост в Господ и подкрепя дори делата, с които не е съгласен. Такъв човек е скромен и няма никакво чувство за суетност, което да бъде признато или разкрито. Дори и другите да не са така богати или интелигентни като него, той ще ги уважава от сърце и ще стане техен верен приятел.

Дори и другите да му създават трудности безпричинно, той просто ги приема с любов. Служи им и смирява себе си, за да има мир с всеки. Няма само предано да изпълнява своите задължения, но също ще се грижи за делата на другите. В Лука глава 10 четем притчата за добрия самарянин.

Един човек бил ограбен, докато пътувал от Ерусалим до Йерихон. Крадците го съблекли и го оставили полумъртъв. Покрай него минал свещеник, който видял, че умирал, но продължил по пътя си. Видял го също един левит, но и той го подминал. Свещениците и левитите са хора, които познават Божието слово и служат на Бог. Те познават Закона по-добре от всички хора. Също така се гордеят колко добре служат на Бога.

Когато се наложило да следват Божията воля, те не показали делата, които трябвало да покажат. Разбира се, били способни да изтъкнат причини, за да не му помогнат. Но ако имали милост, не биха могли да пренебрегнат един човек, който се нуждаел отчаяно от помощта им.

По-късно минал един самарянин и видял ограбения човек. Смилил се над него и покрил раните му. Качил го на своето животно и го завел в един хан, където казал на собственика да се погрижи за него. На следващия ден, той дал на ханджията два денария и обещал на връщане да плати за всички разходи.

Самарянинът нямало да има основание да направи това, ако разсъждавал егоистично. Той също бил зает и не можел да губи време и пари, за да се занимава с един непознат. Можел просто да му окаже първа помощ, но да не моли ханджията да се погрижи за него и да не предлага да заплати за разходите му на своето връщане.

Той имал милост и не бил способен да пренебрегне един умиращ човек. Макар и да изпитал загуба на време и пари и въпреки че бил зает, той не бил в състояние да пренебрегне някого, който се нуждаел отчаяно от помощта му. Когато не бил в състояние сам да се погрижи за него, той помолил някой друг да му помогне. Ако и той подминел поради лични причини, в бъдеще самарянинът сигурно би носил бремето за това в сърцето си.

Той щял винаги да си задава въпроса и да се обвинява с мисълта: „Чудя се какво се е случило с този човек, който беше ранен. Трябваше да му помогна, дори и да претърпя загуба. Бог ме гледаше, как можах да направя това?" Духовната милост означава да не сме способни да се примирим с това, ако изберем дори и с усещането, че някой се опитва да ни измами, ние избираме милост във всички неща.

Не спорете и не се хвалете в никаква ситуация

Друг стих, който ни позволява да почувстваме духовната милост е Матей 12:19-20. Стих 19 гласи: *„Няма да се скара, нито да извика, нито ще чуе някой гласа Му по площадите."* Стих 20 продължава: *„Смазана тръстика няма да пречупи, и замъждял фитил няма да угаси, докато изведе правосъдието към победа."*

Това е за духовната милост на Исус. По време на Неговото духовенство, Исус нямал никакви проблеми или кавги с никого. Още от детството Си, Той спазвал Божието слово и по време на Неговото духовенство правил само добри неща, проповядвал евангелието на небесното царство и лекувал болните. Въпреки това, злите хора Го тествали с много думи в опита си да Го убият.

Исус знаел винаги за лошите им намерения, но не ги мразил. Той просто им позволил да разберат истинската воля на Бога. Когато не били в състояние изобщо да я разберат, Той не се карал с тях, а просто ги избягвал. Дори когато Го разпитвали преди разпъването Му на кръст, Той не се карал и не спорил.

Когато минаваме през етапа на новопокръстени в нашата християнска вяра, научаваме Божието слово в известна степен. Не повишаваме лесно глас и не се ядосваме само заради известно недоразумение с другите. Кавгата не означава само да повишим тон. Кавга означава да имаме негативни чувства поради определени недоразумения. Казваме, че е кавга, защото е нарушен мирът на сърцето.

Ако има кавга в сърцето, причината е в самия човек, а не защото някой ни е създал трудности или не действа така, както ние считаме за правилно. Сърцата ни са прекалено ограничени, за да ги приемем и имаме определен начин на мислене, който ни противопоставя.

Едно парче памук няма да издаде никакъв звук, когато е ударено с някакъв предмет. Дори и да разклатим една чаша с чиста и бистра вода, водата ще остане чиста и бистра. Същото е и с човешкото сърце. Ако мирът на съзнанието е нарушен и имаме негативни чувства в определена ситуация, това е, защото злото все още присъства в сърцата ни.

Твърди се, че Исус никога не крещял, защо тогава крещят другите хора? Защото искат да разкрият и да покажат себе си, да бъдат признати и обгърнати с внимание от другите.

Исус показал такива удивителни дела, като съживяване на мъртвите и отваряне очите на слепите и въпреки това, останал смирен. Освен това, дори когато хората Му се подигравали, докато висял на кръста, Той просто спазвал Божието слово до смъртта, защото нямал никакво намерение да разкрие Себе Си (Филипяни 2:5-8). Твърди се също, че никой не чул гласа Му по улиците. Това означава, че обноските Му били съвършени. Той бил съвършен в Своето държание, отношение и начин на говорене. Неговата изключителна милост, смиреност и духовна любов, които били дълбоко в сърцето Му, се разкрили външно.

Ако получим плода на духовна милост, няма да имаме никакви конфликти или проблеми с никого, както и нашият Господ няма проблеми. Не бихме говорили за грешките и недостатъците на другите. Не бихме се опитвали да изпъкнем или да се издигнем сред тях. Дори и да страдаме неоснователно, няма да се оплакваме.

Смазана тръстика не пречупвайте и замъждял фитил не угасявайте

Обикновено отрязваме пострадалите листа и клони на дърветата или растенията, които отглеждаме. Също така, светлината не е силна и издава пари и пушек, когато фитилът мъжди. Затова хората просто го угасят. Въпреки това, онези, които имат духовна милост, няма да пречупят смазана тръстика, нито да угасят замъждял фитил. Ако има дори най-малка възможност за възстановяване, те няма да прекратят живота и се опитат да отворят път за живот на другите.

Тук „смазана тръстика" се отнася за онези, които са изпълнени с грехове и зло на този свят. Замъждeлият фитил символизира онези, чийто сърца са толкова опетнени със зло, че светлината на душата им скоро ще угасне. Малко вероятно е тези хора, които са като смазана тръстика и замъждял фитил, да приемат Господ. Макар и да вярват в Бога, делата им не са по-различни от онези на светските хора. Те дори говорят против Светия дух или се противопоставят на Бога. По времето на Исус, имало много хора, които не вярвали в Него. Въпреки че станали свидетели на удивителни дела на силата, те продължавали да се противопоставят на делата на Светия дух. Исус вярвал в тях до край и им предоставил възможности, за да получат спасение.

В днешно време, дори в църквите, има много хора, които са като смазана тръстика и замъждял фитил. Те казват „Господи, Господи" с устните си, но все още живеят в грехове. Някои от тях дори се противопоставят на Бога. С тяхната слаба вяра, те се препъват в изкушение и спират да ходят на църква. След като направят неща, които са признати като грехове в църквата, те са толкова смутени, че я напускат. Ако имаме милост, първо трябва да им подадем ръка.

Някои хора искат да бъдат обичани и признати в църквата,

но злото в тях се разкрива, ако това не се случи. Те започват да завиждат на онези, които са обичани от църковните членове и на онези, които напредват духовно и говорят лошо за тях. Нямат желание за определена работа, ако не е започната от тях и се опитват да намерят грешки в нея.

Дори и в тези случаи, онези, които имат плода на духовна милост, ще приемат тези хора, които разкриват злото си. Те не се опитват да различат правилното от грешното или доброто от лошото и след това да ги потискат. Те разтапят и докосват сърцата им като се отнасят добре с тях с праведно сърце.

Някои хора искат от мен да разкрия самоличностите на хората, които посещават църквата със скрити намерения. Казват, че ако направя това, църковните членове няма да бъдат измамени и такива хора изобщо няма да дойдат в църквата. Да, разкриването на техните самоличности може да пречисти църквата, но колко смущаващо би било това за техните близки или за онези, които ги водят в църквата? Ако отстраним членове на църквата по различни причини, в нея няма да останат много хора. Едно от задълженията на църквата е да променя злите хора и да ги ръководи към небесното царство.

Разбира се, някои хора продължават да показват все по-голямо зло и те ще тръгнат по пътя на смъртта, дори и да покажем милост към тях. Дори в тези случаи, няма просто да установим граници на нашето търпение и да ги пренебрегнем, ако ги преминат. Духовна милост означава да се опитаме да им позволим да търсят духовна любов, без да се отказваме до край.

Пшеницата и плявата изглеждат еднакви, но плявата е празна отвътре. След прибиране на реколтата, фермерът ще събере пшеницата в житницата и ще изгори плявата. Възможно е също да я използва за наторяване. В църквата също има пшеница и плява. Привидно всички изглеждат вярващи, но пшеницата спазва Божието слово, докато плявата следва злото.

Така, както фермерът чака докато стане реколтата, Бог на любовта чака до край, за да се променят онези, които са като плявата. Докато дойде последният ден, трябва да дадем възможност на всеки да бъде спасен и да гледаме на всички с вяра, култивирайки духовна милост в нас.

Сила, за да следваме милостта в истината

Може би сте объркани за това как да отличавате духовната милост от други духовни характеристики. По-конкретно, в притчата за добрия самарянин, действията му са описани като благотворителни и милостиви и ако ние не се караме и не повишаваме тон, трябва да бъдем спокойни и смирени. Включено ли е всичко това в характеристиките на духовна милост?

Разбира се, любов, доброжелателност на сърцето, благоволение, мир и смиреност, всички принадлежат на милостта. Както беше споменато преди, милостта е природата на Бог и е много широко понятие. Отличителните аспекти на духовната милост са желанието да я следваме и силата да я приложим на практика. Вниманието не е върху благоволението да имаме жалост към другите или самите действия да им помагаме. Вниманието е върху милостта, с която самарянинът не можел просто да подмине, когато трябвало да бъде милостив.

Също така, да не се караме и да не повишаваме тон, също означава да сме смирени. Същността на духовната милост в тези случаи е, че няма да нарушим мира, защото следваме духовната милост. Вместо да викаме и да бъдем признати, ние искаме да сме смирени, защото следваме тази милост.

Когато сте правоверни, ако имате плода на милостта, ще бъдете правоверни не само в един аспект, но в целия дом на Бог. Някой ще пострада, ако пренебрегнете задълженията си. Божието царство няма да бъде постигнато. Ето защо, ако има милост във Вас, няма да се чувствате добре за тези неща. Няма просто да ги пренебрегнете и ще се опитате да бъдете предани в целия дом на Бог. Този принцип се отнася за всички други характеристики на духа.

Порочните хора ще се чувстват лошо, ако не действат със зло. Според степента, в която са изпълнени със зло, те се чувстват добре само когато го отдават. Онези, които имат навика да прекъсват другите, докато говорят, няма да се контролират, ако не прекъсват чуждите разговори. Макар и да нараняват чувствата на другите или да им причиняват трудности, няма да имат мир, ако правят само това, което искат. Въпреки това, ще отхвърлят повечето от своите лоши навици и отношения, които не съответстват на Божието слово, ако ги помнят и се опитат да ги откажат. Ако те не се опитат и просто се отказват, ще останат същите, дори след десет или двадесет години.

Хората на милостта са напълно противоположни. Ако те не следват милостта, ще имат по-негативни чувства, отколкото като претърпят загуба и ще мислят за това непрекъснато. Ето защо, те не искат да навредят на другите, дори и да претърпят загуба. Старают се да спазват правилата, дори и да считат това за неудобство.

Чувстваме това сърце от казаното от Павел. Той имал вярата да яде месо, но не би искал да яде месо до края на живота си, ако това би причинило някой друг да се препъне. По същия начин, ако това, което харесват, може да причини неудобство на другите, хората на милостта няма да го харесват и ще бъдат по-щастливи да го оставят на другите. Те няма да направят нищо, което да смути другите и което да накара да стене Светия дух в тях.

По подобен начин, ако следвате милост във всички неща, това означава, че получавате плода на духовна милост. Ако получавате плода на духовна милост, ще имате отношението на Господ. Няма да направите нищо, което би причинило дори малкият да се препъне. Ще имате и външно милост и смиреност. Ще бъдете достойни за уважение, имайки формата на Господ и Вашето поведение и език ще бъдат съвършени. Ще бъдете красиви в очите на всички, издавайки аромата на Христос.

Матей 5:15-16 гласи: *„...И когато запалят светило, не го турят под шиника, а на светилника, и то свети на всички, които са в къщи. Също така нека свети вашата виделина пред човеците, за да виждат добрите ви дела, и да прославят вашия Отец, който е на небесата."* Също така, 2 Коринтяни 2:15 гласи: *„Защото пред Бога ние сме*

Христово благоухание за тия, които се спасяват, и за онѝя, които погиват." Следователно, надявам се да отдадете слава на Бога във всички неща, получавайки бързо плода на духовна милост и отдавайки аромата на Христос на света.

Числа 12:7-8

„Той, който е верен в целия Ми дом;

с него Аз ще говоря уста с уста, ясно,

а не загадъчно,

и той ще гледа Господния Образ?"

Глава 8

Вярност

За да бъде призната нашата вярност
Правете повече от възложената работа
Бъдете верни в истината
Работете според волята на господаря
Бъдете верни в целия дом на Бога
Вярност за Божието царство и праведност

Вярност

Един мъж отивал на екскурзия в друга държава. Някой трябвало да се грижи за нещата му, докато го нямало и възложил тази работа на тримата си слуги. Според техните възможности, той дал на всеки прислужник съответно един талант, два таланта и пет таланта. Слугата, който получил пет таланта, извършвал търговия за своя господар и спечелил още пет таланта. Слугата, който получил два таланта, също спечелил още два таланта. Този, който имал само един талант, го заровил в земята и не спечелил нещо.

Господарят похвалил слугите, които спечелили повече таланти и ги възнаградил с думите: „*Хубаво, добри и верни слуго!*" (Матей 25:21). Той порицал слугата, който заровил таланта: „*Зли и лениви слуго!*" (стих 26).

Бог също ни дава много задължения според нашите таланти, за да работим за Него. Само когато изпълним задълженията с пълна сила и получим Божието царство, ще бъдем признати като „добри и предани слуги."

За да бъде призната нашата вярност

Дефиницията в речника на думата „вярност" е „качеството да бъдем постоянни в нашата привързаност или вярност, да спазваме нашите обещания или задължения." Дори на този свят, преданите хора са оценени по-високо за своята вярност.

Въпреки това, вярността, която е призната от Бога, е различна от тази на светските хора. Само изпълнението на нашето задължение на дело не е духовна вярност. Също така, не е пълна вярност, ако положим всички усилия и дори живота си в една конкретна област. Може ли да се нарече вярност, ако изпълним нашите задължения като съпруг/а или майка? Ние просто сме направили това, което е трябвало.

Хората, които са духовно предани, са съкровища в Божието царство и издават благоуханен аромат. Те издават аромата на неизменно сърце, на постоянна покорност. Човек може да я сравни с покорността на работлива крава и аромата на предано сърце. Ако ние издаваме такъв аромат, Господ също ще каже, че сме прекрасни и ще иска да ни прегърне. Такъв бил случаят с Моисей.

Синовете на Израел били роби в Египет за повече от 400 години и Моисей имал задължението да ги поведе към Ханаанската земя. Бог толкова много го обичал, че му говорил лице в лице. Той бил предан в целия дом на Бога и изпълнил всичко, което Бог му заповядал. Дори не се замислил за всички проблеми, които трябвало да понесе. Той бил повече от предан във всички области в изпълнение на задълженията си като ръководител на Израел, както и на семейството си.

Един ден, свекърът на Моисей, Йетро, отишъл при него. Моисей му казал за всички удивителни неща, които Бог направил за хората на Израел. На следващия ден, Йетро видял нещо странно. Хората се наредили рано сутринта, за да видят Моисей. Те му представили споровете, които не могли да разрешат сами. Йетро направил предложение.

Изход 18:21-22 гласи: *"Но при това измежду всичките люде избери си способни мъже, които се боят от Бога, обичат истината и мразят несправедливата печалба, и постави над людете такива за хилядници, стотници, петдесетници и десетници. И те нека съдят людете всякога, всяко голямо дело нека донасят пред тебе, а всяко малко дело нека съдят сами. Така ще ти олекне, и те ще носят товара заедно с тебе."*

Моисей послушал думите му. Той осъзнал, че неговият свекър имал право и приел предложението му. Моисей избрал способни хора, които мразили нечестната печалба и ги назначил като водачи за хилядници, стотници, петдесетници и десетници. Те действали като съдници за хората в обичайни и по-лесни въпроси, а Моисей отсъждал само в главните спорове.

Ще получим плода на вярността, когато изпълним всички наши задължения с добро сърце. Моисей бил предан на членовете на своето семейство, както и служейки на хората. Той изразходвал цялото си време и усилие и поради тази причина бил признат като човек, който е предан в целия дом на Бога. Числа 12:7-8 гласи: *„Но слугата Ми Моисей не е така поставен, той, който е верен в целия Ми дом; с него Аз ще говоря уста с уста, ясно, а не загадъчно; и той ще гледа Господния Образ."*

Какъв вид човек е този, който е получил плода на вярността, признат от Бога?

Правете повече от възложената работа

Работниците получават заплащане за своята работа и ние не казваме, че са предани, когато просто изпълняват своите задължения. Те вършат своята работа, но правят само това, за което им се плаща и не можем да твърдим, че са праведни. Въпреки това, дори и сред платените работници, някои правят повече от това, за което им е платено. Те не го правят неохотно или с мисълта, че трябва да направят поне това, за което им плащат. Те изпълняват задължението от все сърце, разум и душа, без да щадят своето време и пари, с желание, произлизащо от сърцето им.

Някои от църковните членове на пълно работно време правят повече от това, което им е възложено. Те работят след работно време или през почивните дни и когато не работят, винаги мислят за своето задължение за Бога. Винаги мислят за начините да служат по-добре на църквата и на членовете като вършат повече работа от тази, която им е възложена. Освен това, те приемат задълженията на ръководители на групи, за да се грижат за душите. По този начин вярността означава да вършим много повече от това, което са ни поверили.

Също така, поемайки отговорност, онези, които получават плода на вярността, ще направят повече от това, за което са отговорни. Например, Моисей рискувал живота си, когато се молил да спаси синовете на Израел, които извършили грехове. Това е видно от неговата молитва в Изход 32:31-32: *„Тогава Моисей се върна при Господа и рече: Уви! тия люде сториха голям грях, че си направиха златни богове. Но сега, ако щеш прости греха им, но ако не, моля Ти се, мене заличи от книгата, която си написал!"*

Когато Моисей изпълнявал това задължение, той само се подчинил на дело, за да направи това, което Бог му заповядал. Той не помислил: „Направих всичко възможно, за да им предам Божията воля, но те не я приеха. Не мога повече да им помогна." Той имал сърцето на Бог и ръководил хората с цялата си любов и усилие. Ето защо, когато хората извършвали грехове, той се чувствал сякаш това била негова грешка и искал да поеме отговорност за нея.

Същото е с апостол Павел. Римляни 9:3 гласи: *„Защото бих желал сам аз да съм анатема от Христа, заради моите братя, моите по плът роднини."* Въпреки че слушаме и знаем за вярността на Павел и Моисей, това не означава непременно, че сме култивирали вярност.

Дори онези, които имат вяра и изпълняват своите задължения, ще кажат нещо различно от това, което казал Моисей, ако бъдат в неговата ситуация. По-конкретно, ще кажат: „Боже, направих, каквото мога. Жал ми е за хората, но аз също страдах много, докато ги ръководих." Това, което казват в действителност, е: „Спокоен съм, защото направих всичко, което трябваше." Или се тревожат, че ще бъдат порицани заедно с други за греховете на онези хора, макар и самите те да не са отговорни. Сърцето на такива хора е много далече от вярността.

Разбира се, не всеки може да се моли: „Моля те, прости греховете им или ме изтрий от книгата на живота." Това просто означава, че ако получим плода на вярността в нашето сърце, не можем просто да кажем, че не сме отговорни за нещата, които са се объркали. Преди да решим, че сме направили най-доброто в делата си, трябва първо да се замислим за вида на сърцето, което сме имали, когато сме получили задълженията за първи път.

Също така, първо ще мислим за любовта и милостта на Бога за душите и за това, че Той не иска да бъдат унищожени, макар и да казва, че ще ги накаже за греховете им. Каква молитва трябва да отправим до Бога? Вероятно трябва да кажем от все сърце: „Боже, това е моя грешка. Аз бях този, който не ги ръководи добре. Дай им още една възможност заради мен."

Същото се отнася за всички други аспекти. Праведните хора няма просто да кажат: „Направих достатъчно", но ще работят много от все сърце. В 2 Коринтяни 12:15, Павел казва: *„А пък аз с преголяма радост ще иждивя и цял ще се иждивя за душите ви. Ако аз ви обичам повече, вие по-малко ли ще ме обичате?"*

По-конкретно, Павел не бил принуден да се грижи за душите, нито направил това повърхностно. Той бил много радостен да изпълни задължението си и затова казал, че ще се изразходва за други души.

Той предложил себе си отново и отново с пълна всеотдайност за други души. Както в случая с Павел, пълна праведност означава да изпълним нашето задължение изцяло с радост и любов.

Бъдете верни в истината

Представете си, че някои се присъедини към една банда и посвети живота си на нейния водач. Ще каже ли Бог, че е предан? Разбира се, че не! Бог ще признае нашата вярност, само когато сме предани в милост и истина.

Тъй като християните водят прилежен живот с вяра, вероятно е да получат много задължения. Понякога отначало се опитват да изпълнят задълженията си старателно, но след това се отказват в определен момент. Съзнанията им са заети с планове за разширяване на техния бизнес Загубват своята страст към задължението си заради трудности в живота или защото искат да избегнат преследвания от другите. Защо съзнанието им се променя по този начин? Защото пренебрегват духовната вярност, докато работят за Божието царство.

Духовната вярност означава да обрежем сърцето си и непрекъснато да го пречистваме. Това означава да отхвърлим всички видове грехове, неистини, злини, неправедност, беззаконие и тъмнина и да станем святи. Откровение 2:10 гласи: *"Бъди верен до смърт и Аз ще ти дам венеца на живота."* Тук да бъдем верни до смърт не означава просто да работим усилено и предано до нашата физическа смърт, а да се опитваме да постигнем Божието слово в Библията изцяло с целия си живот.

За да постигнем духовна праведност, трябва първо да се борим против греховете с цената на нашата кръв и да спазваме Божите заповеди. Главният приоритет е да отхвърлим злото, греха и неистините, които Бог мрази много. Не е духовна вярност, ако само физически работим усилено, без да обрязваме сърцето си. Както Павел казал: "Умирам всеки ден", трябва да оставим плътта да умре изцяло и да станем святи. Това е духовната вярност.

Това, което Бащата Бог желае най-много от нас, е святост.

Трябва да разберем това и да направим всичко възможно, за да обрежем сърцата си. Разбира се, това не означава, че не трябва да поемем задължения, преди да станем напълно свети. Това означава, че каквото и задължение да извършваме в този момент, трябва да постигнем святост, докато изпълняваме нашите задължения.

Онези, които непрекъснато обрязват сърцата си, няма да променят отношението си към вярността. Те няма да изоставят своите ценни задължения, само защото имат трудности в ежедневния живот или нещастия в сърцето. Отдадените от Бога задължения са обещание между Бог и нас и ние никога не трябва да нарушаваме нашите обещания с Бога при никакви трудности.

От друга страна, какво ще се случи, ако пренебрегнем обрязването на нашите сърца? Няма да сме способни да запазим сърцата си, когато имаме трудности и изпитания. Възможно е да пренебрегнем отношението на доверие с Бог и да се откажем от нашето задължение. След това, ако възстановим Божието благоволение, ние отново работим усилено за известно време и този цикъл непрекъснато се повтаря. Онези работници, които имат такива колебания, няма да бъдат признати за предани, макар и да вършат добре своята работа.

За да имаме вярността, призната от Бога, трябва да имаме също духовна вярност, което означава да обрежем сърцата си. Но обрязването на сърцето само по себе си не става нашето възнаграждение. Обрязването на сърцето е задължително за децата на Бога, които са спасени. Ако отхвърлим греховете и изпълним нашите задължения с осветено сърце, ще получим по-голям плод, отколкото ако ги изпълним с плътски съзнания. Следователно, ще получим по-големи награди.

Например, представете си, че работите усилено, докато извършвате доброволна работа в църквата в целия неделен ден. Въпреки това, имате кавги с много други хора и нарушавате мира с тях. Ако Вие служите на църквата, докато се оплаквате и изпитвате огорчение, наградите Ви ще бъдат намалени. Ако служите на църквата с милост и любов и в мир с другите, цялата Ви работа ще издава приемлив за Бог аромат и всяко от делата Ви ще бъде Вашата награда.

Работете според волята на господаря

В църквата трябва да работим според сърцето и волята на Бога. Също така, трябва да сме предани и да се подчиняваме на нашите лидери според реда в църквата. Притчи 25:13 гласи: *„Както е снежната прохлада в жетвено време, така е верният посланик на тия, които го изпращат, защото освежава душата на господаря си."*

Макар и да се стараем много в задължението ни, няма да угасим желанието на господаря, ако просто правим, каквото искаме. Например, представете си, че Вашият ръководител във фирмата Ви каже да останете в офиса, защото идва много важен клиент. Вие обаче имате работа извън офиса, която Ви отнема целия ден. Дори и да сте навън по работа, Вие не сте верни за Вашия ръководител.

Причината, заради която не се подчиняваме на волята на господаря е, защото следваме нашите собствени идеи или защото имаме егоистични мотиви. Такъв вид човек привидно изглежда, че служи на своя господар, но в действителност не го прави с вярност. Той следва само собствените си мисли и желания и показва, че е готов да изостави волята на господаря по всяко време.

В Библията четем за един човек, наречен Йоав, който бил роднина и генерал от армията на Давид. Йоав бил с Давид през всички опасности, докато Давид бил преследван от Цар Саул. Той бил мъдър и храбър и направил нещата, които Давид искал да се извършат. Когато нападнал амонитите и превзел града им, той на практика го завладял, но оставил Давид да влезе и да го вземе сам. Той не взел славата от завладяването на града, а оставил Давид да я получи.

Служил много добре на Давид, но Давид не се чувствал добре с него. Това било, защото не се подчинил на Давид, когато не било изгодно за него. Йоав не се поколебал да действа арогантно пред Давид, когато искал да постигне целта си.

Например, генерал Абнер, който бил враг на Давид, отишъл при Давид, предавайки се на него. Давид го приветствал и го изпратил обратно. Давид бил способен да стабилизира хората по-бързо като ги приемал. Йоав разбрал за това по-късно, заради което последвал Абнер и го убил, защото Абнер убил брата на Йоав в предишната битка. Знаел, че смъртта на Абнер щяла да затрудни Давид, но просто последвал чувствата си.

Също така, когато синът на Давид – Авесалом, въстанал Против него, Давид помолил войниците, които отивали да се бият с хората на Авесалом, да бъдат любезни със сина му. Въпреки тази заповед, Йоав убил Авесалом. Макар и ръководен от желанието да възпрепятства въстанието на Авесалом, Йоав не се подчинил на царската заповед по свое собствено усмотрение.

Въпреки че преминал през всички трудности с царя, той не му се подчинил във важни моменти и Давид му нямал доверие. В крайна сметка, Йоав въстанал Против цар Соломон, сина на Давид и бил убит. В този случай също, вместо да се подчини на волята на Давид, той искал да внедри човека, който считал подходящ да бъде цар. Той служил на Давид през целия си живот, но вместо да стане похвален подчинен, животът му свършил като въстаник.

Независимо колко амбициозно вършим една Божия работа, по-важно е дали следваме Божията воля. Безполезно е да сме предани, ако се противопоставяме на Божията воля. Когато работим в църквата, трябва също да следваме нашите лидери, а не собствените ни идеи. По този начин, врагът дявол и Сатаната няма да отправят обвинения и ще бъдем способни да възхваляваме Бога накрая.

Бъдете верни в целия дом на Бога

„Да бъдем предани в целия дом на Бога" означава да бъдем предани във всички отношения. В църквата трябва да изпълняваме всички наши задължения, дори и когато са много. Дори и да нямаме определени задачи в църквата, едно от нашите задължения е да бъдем там, където трябва, като нейни членове.

Всеки има своите задължения, не само в църквата, но и в работата и в училище. Във всички тези аспекти, трябва да изпълняваме нашите задължения като членове. Да бъдем предани в целия дом на Бог означава да изпълняваме нашите задължения във всички аспекти на живота ни: като Божи деца, като лидери или членове на църквата, като членове на семейството, като служители в компанията или като студенти или учители в училище. Не трябва да спазваме само едно или две задължения и да пренебрегнем останалите. Трябва да бъдем предани във всички отношения.

Човек може да помисли: „Имам само едно тяло, как мога да бъда предан във всички области?" Според степента в която се променим в дух, не е трудно да бъдем предани в дома на Бога. Дори и да инвестираме съвсем малко време, със сигурност ще пожънем плода, ако посеем духовно.

Също така, онези, които са се променили в духа, не търсят собствената полза и удобство, а мислят за ползата за другите. Те гледат на нещата първо от чуждата гледна точка. По този начин, тези хора ще се погрижат за всички свои задължения, дори и ако трябва да се пожертват. Сърцето ни ще е изпълнено с милост според степента, в която постигнем равнището на духа. Няма да вземаме само една определена страна, ако сме добри. Ето защо, дори и да имаме много задължения, няма да пренебрегнем нито едно от тях.

Ще направим всичко възможно да се погрижим за всичко около нас, опитвайки се да се грижим за другите малко повече. Тогава, хората около нас ще почувстват вярността на сърцата ни. Така няма да са разочаровани, че не сме винаги с тях, но ще бъдат благодарни, че се грижим за тях.

Например, една членка има две задължения – тя е ръководител на група и обикновен член в друга. В този случай, тя няма да пренебрегне нито едно от тях, ако има милост и получи плода на вярността. Няма просто да каже: „членовете на втората група ще ме разберат за това, че не съм с тях, защото ръководя първата." Ако тя няма възможност физически да бъде с втората група, ще опита да помогне по друг начин и от сърце. Ще бъдем предани в целия дом на Бога и ще имаме мир с всички според степента, в която имаме милост.

Вярност за Божието царство и праведност

Йосиф бил продаден като роб в дома на Потифар, началникът на царската охрана. Този млад роб бил толкова предан и надежден, че Потифар му поверил цялата домашна работа и не се интересувал какво прави. Това било, защото Йосиф се грижил дори за малките неща, полагайки максимални усилия със сърцето на господар.

Божието царство също се нуждае от множество предани работници като Йосиф в много области. Каква голяма сила ще бъдете за Божието царство, ако имате определено задължение и го изпълните толкова предано, че Вашият ръководител не трябва изобщо да се грижи за него!

Лука 16:10 гласи: *„Верният в най-малкото и в многото е верен, а неверният в най-малкото и в многото е неверен."* Въпреки че служил на физически господар, Йосиф работил предано с неговата вяра в Бог. Бог не счел това нещо безсмислено, а направил Йосиф първи министър на Египет.

Никога не съм бил спокоен за делата на Бога. Винаги предлагах нощни молитви, дори и преди отваряне на църквата, но след това се молих от полунощ до 4 ч. сутринта лично и след това ръководех молитвите на зазоряване в 5 ч. По онова време нямахме актуалната молитвена служба на Данаил от 21 ч. Нямахме никакви други пастори или ръководители, затова трябваше да ръководя сам всички молитвени служби на зазоряване. Никога не пропуснах нито един ден.

Освен това, трябваше да подготвя проповедите за неделните служби, службите в сряда и петъчната нощна служба, докато присъствах на теологическата семинария. Никога не оставях задълженията си на другите, само защото бях уморен. След завръщане от семинарията, аз се грижех за болните или посещавах членовете. Имаше много болни хора, които идваха от цялата страна. Посвещавах се от сърце всеки път, когато посещавах един църковен член, за да му служа духовно.

По онова време, някои студенти трябваше да вземат два или три автобуса, за да дойдат в църквата. Тогава нямахме църковни автобуси като сега. Ето защо, исках студентите да бъдат способни да идват в църквата, без да се тревожат за автобусните такси. Следвах студентите след религиозните служби до автобусната спирка и им давах жетони или билети, докато ги изпращах. Давах им достатъчно жетони за автобуса, за да дойдат отново в църквата. Църквата събираше дарения само от няколко десетки долари и това не бе достатъчно за жетоните. Затова ги плащах от собствените си спестявания.

Гледах на новите регистрирани в църквата като на ценно съкровище, молех се за тях и им служех с любов, за да не ги загубя. Поради тази причина, по онова време не напусна никой от хората, които се регистрираха в църквата. Естествено, църквата продължи да се развива. Означава ли това, че моята вярност сега е намаляла, защото имаме много членове? Разбира се, че не! Моята страст за душите никога не се е охлаждала.

Сега имаме повече от 10 000 църковни клонове по света, както и много пастори, старши и младши дякони, ръководители на области, подобласти и отделни групи. Въпреки това, моите молитви и любовта за душите единствено се увеличават.

Охладила ли се е Вашата вярност към Бога? Има ли някой сред Вас, който е имал отдадени от Бога задължения, но вече няма такива? Ако сега имате същите задължения като в миналото, не се ли е намалило Вашето старание за тях? Ако имаме истинска вяра, нашата вярност само ще се увеличава с нейното съзряване и ние сме предани на Господ, за да постигнем Божието царство и да спасим многобройни души. Ето защо, по-късно ще получим многобройни награди на Небето!

Ако Бог искаше вярност само на дела, Той нямаше да създаде човечеството, защото има безброй небесни домакини и ангели, които се подчиняват много добре. Бог не искал да има някой, който се подчинява безусловно като робот. Той искал деца, които да бъдат предани със своята любов към Бога, произлизаща от дълбочината на сърцата им.

Псалми 101:6 гласи: *"Очите ми ще бъдат над верните на земята, за да живеят с мене; който ходи непорочен в пътя, той ще ми бъде служител."* Онези, които отхвърлят всички форми на злото и станат предани в целия дом на Бога, ще получат благословии да влязат в Новия Ерусалим, който е най-красивото място на Небето. Следователно, надявам се да станете служители, които са като опори на Божието царство и се радвате на честта да се намирате близо до Божия трон.

Матей 11:29

„Вземете Моето иго върху си, и научете се от Мене,

защото съм кротък и смирен на сърце,

и ще намерите покой на душите си."

Против такива неща няма закон

Глава 9

Кротост

Кротост да приемем много хора
Духовна кротост, придружена от щедрост
Характеристики на онези, които са получили плода на кротостта
Да получим плода на кротостта
Култивиране на добра почва
Благословии за кротките

Кротост

Изненадващо голям брой хора се тревожат за своята нервност, депресия или за това, че техните характери са прекалено интровертни или екстровертни. Някои хора оправдават всичко със своя характер, когато нещата не стават, както искат и казват: „Нищо не мога да направя. Такъв ми е характерът." Бог създал хората и за Него не е трудно да промените характерите им с Неговата сила.

Моисей веднъж убил човек заради нервния си характер, но се променил с Божията сила до такава степен, че бил признат от Бог за най-смирения и най-кротък човек на цялата земя. Апостол Йоан имал прякора „Син на гръмотевицата", но той бил променен с Божията сила и бил признат като „нежният апостол."

Дори и хората с разгорещен нрав, които се хвалят и които са себелюбиви, ще се променят и ще култивират кротък характер, ако желаят да отхвърлят злото и да разорат полето на своето сърце.

Кротост да приемете много хора

Според речника, кротостта е качеството или състоянието на кротост, нежност, мекост или благост. Възможно е да изглеждат кротки онези, които са плахи или „свенливо несоциални" по характер или онези, които не се изразяват много добре. Хората, които са наивни или не се разгневяват изобщо поради ниско интелектуално ниво, ще изглеждат кротки за светските хора.

Въпреки това, духовната кротост не означава само мекост и

нежна благост. Това е да имаме мъдрост и способността да отличаваме правилното от грешното, като същевременно сме способни да разберем и да приемем всички, защото в тях няма зло. По-конкретно, духовната кротост е да имаме щедрост, придружена от мек и нежен характер. Ако имате такава непорочна щедрост, няма просто да сте меки винаги, но ще имате и непреклонна гордост, когато е необходимо.

Сърцето на кроткия човек е меко като памук. Ако хвърлите камък върху парче памук или го прободете с игла, памукът просто ще покрие и ще обгърне предмета. По подобен начин, независимо как се отнасят с тях другите, хората, които са духовно кротки, няма да имат негативни чувства в сърцата си. По-конкретно, те не се ядосват, не изпитват неудобство и не причиняват неудобство на другите.

Те не осъждат и не критикуват, а се отнасят с разбиране и приемане. Хората изпитват удобство от кротките и мнозина идват и намират мир в тях. Те са като голямо дърво с много клони, на което птичките идват, правят гнезда и почиват на клоните.

Моисей бил един от хората, признати от Бога за своята кротост. Числа 12:3 гласи: *„А Моисей беше човек много кротък, повече от всичките човеци, които бяха на земята."* По времето на Изхода, броят на синовете на Израел бил повече от 600 000 възрастни мъже. Включвайки жените и децата, те били повече от два милиона. Ръководството на толкова много хора представлява трудна задача за един обикновен човек.

Особено валидно е това за хората, които имали закоравели

сърца, като бивши роби в Египет. Ако редовно Ви бият, слушате неприличен и обиден език и вършите тежък робски труд, сърцето Ви ще стане закоравяло и твърдо. В това състояние, не е лесно благоволението да остави следа в сърцата им или да обичат Бога от все сърце. Ето защо, хората не се подчинявали на Бог през цялото време, въпреки че Моисей им показал толкова велико дело.

Когато срещнали дори малка трудност в своята ситуация, те бързо започнали да се оплакват и да се противопоставят на Моисей. Само от факта, че Моисей водил тези хора в пустинята в продължение на 40 години, можем да разберем неговата духовна кротост. Сърцето на Моисей е изпълнено с духовна кротост, който е един от плодовете на Светия дух.

Духовна кротост, придружена от щедрост

Има ли някой, който мисли следното: „Аз не се ядосвам и мисля, че съм по-кротък/ка от другите, но не получавам отговор на моите молитви. Аз не чувам добре гласа на Светия дух." Тогава трябва да проверите дали Вашата кротост е физическа кротост. Хората могат да кажат, че сте кротки, ако изглеждате меки и спокойни, но това е само физическа кротост.

Бог желае духовна кротост. Духовната кротост не означава само да бъдем кротки и меки, но да е придружена с изключителна щедрост. Заедно със скромността на сърцето, трябва да притежавате също видимо качеството на добродетелна щедрост, за да култивирате изцяло духовна кротост. Същото се отнася за някой с чудесен характер, който носи облекло, съответстващо на нрава му. Дори и човек да има добър характер, голотата му ще го засрами, ако се разхожда без дрехи. По същия начин, кротостта не е съвършена без добродетелна щедрост.

Добродетелната щедрост е като облеклото, което прави кротостта да блести, но тя е различна от правническите или лицемерни действия. Ако сърцето Ви не е изпълнено със святост, не може да се каже, че притежавате добродетелна щедрост, само защото имате добри външни действия. Ако Вие сте склонни повече да показвате подходящи действия, вместо да култивирате сърцето си, вероятно е да престанете да осъзнавате Вашите недостатъци и погрешно да мислите, че сте постигнали значителен духовен растеж.

Въпреки това, дори и на този свят, хората няма да спечелят сърцата на другите, ако имат добър външен вид, но им липсва добър характер. Вярата също е безсмислена, ако се концентрираме върху привидните дела, без да култивираме вътрешна красота.

Например, някои хора действат почтено, но критикуват и пренебрегват другите, които не са като тях. Те настояват на собствените си стандарти, когато говорят с другите, мислейки: „Това е правилният начин, защо просто не го правят така?" Произнасят добри думи, когато дават съвет, но критикуват другите в сърцата си и говорят, водени от своята самонадеяност и негативни чувства. Не можем да намерим мир в такива хора. Ще бъдем само наранени и обезсърчени и няма да искаме да сме близо до тях.

Някои хора също така се разгневяват и дразнят в своята самонадеяност и злина. Казват, че са "основателно възмутени" заради другите. Въпреки това, хората с добродетелна щедрост няма да загубят мир в никаква ситуация.

Ако искате наистина да получите изцяло плодовете на Светия дух, не можете просто да покриете злината в сърцето си с външни действия. Това е само показност за останалите. Трябва многократно да проверите себе си във всичко и да изберете пътя на милостта.

Характеристики на онези, които са получили плода на кротостта

Казваме, че сърцата на кротките и добрите хора са като океан. Океанът приема цялата замърсена вода от потоци и реки и я пречиства. Ако култивираме широко и кротко сърце като океана, ще поведем дори опетнените с грях души по пътя на спасението.

Ще спечелим сърцата на много хора и ще постигнем много велики неща, ако имаме привидна щедрост, придружена от вътрешна кротост. Нека сега Ви дам някои примери за характеристиките на онези, които са получили плода на кротостта.

Първо, те са облагородени и умерени в своите действия.

Онези, които изглеждат умерени по темперамент, но всъщност са нерешителни, не са способни да приемат другите.

Те ще бъдат пренебрегвани и използвани. Някои царе в историята имали кротък характер, но им липсвала добродетелна щедрост и страната била нестабилна. По-късно в годините, хората ги оценявали като кротки, но неспособни и нерешителни.

От друга страна, някои царе имали сърдечни и умерени характери, придружени с мъдрост и достойнство. Под управлението на такива царе, държавата била стабилна и хората имали мир. По подобен начин, кротките и добродетелно щедри хора имат правилни критерии за оценка. Те правят това, което е редно, като отличават правилно доброто от грешното.

Исус бил много силен и строг, когато пречистил Храма и порицал лицемерието на Фарисеите и писарите. Той има кротко сърце, за да „не пречупи смазана тръстика и да не угаси замъждял фитил", но въпреки това, порицал строго хората, когато трябвало. Ако имате такова достойнство и праведност в сърцето, хората няма да Ви пренебрегнат, дори и никога да не повишавате глас и да не бъдете строги.

Външният вид е свързан също с притежаване на обноските на Господ и съвършените дела на тялото. Хората, които имат добродетелно достойнство, авторитет и значение в думите си, не произнасят небрежно безсмислени думи. Те се обличат подобаващо за всеки случай. Имат умерени изражения на лицето, но не груби или студени лица.

Например, представете си, че един човек има неприлична коса и дрехи и поведението му е непристойно. Представете си също, че той обича да се шегува и да говори за безсмислени неща. Сигурно е много трудно за такъв човек да спечели доверието и уважението на другите. Те не биха искали да го приемат и прегърнат.

Ако Исус се беше шегувал през цялото време, Неговите ученици щяха да се опитат да се шегуват с Него. Ето защо, ако Исус ги беше учил на нещо трудно, те веднага щяха да спорят или да настояват на собственото си мнение. Те не се осмелявали да направят това. Дори онези, които отивали при Него да спорят, не били способни действително да го направят, заради Неговото достойнство. Думите и действията на Исус винаги имали тежест и достойнство, затова хората не гледали пренебрежително на Него.

Разбира се, понякога по-висшестоящият в йерархията може да се пошегува с подчинените си, за да разведри настроението. Но ако подчинените се шегуват заедно по невъзпитан начин, това означава, че не действат правилно. Лидерите не могат да спечелят доверието на другите, ако не са почтени и показват объркани действия. По-конкретно служителите, заемащите ръководни постове в една компания, трябва да имат почтено отношение, начин на говорене и поведение.

Възможно е ръководителят в една организация да говори с почтителен език и да действа почтено пред подчинените си, но понякога, ако някой от тях показва прекомерно уважение, той решава да говори на обикновен език, а не с почтителни изрази, за да успокои служителя. В тази ситуация, ако не бъде толкова почтителен, ще успокои подчинения, който може по този начин повече да отвори сърцето си. Въпреки това, само защото ръководителят е успокоил подчинените си, не означава, че те трябва да го пренебрегват, да спорят с него или да му се противопоставят.

Римляни 15:2 гласи: *"Всеки от нас да угажда на ближния си, с цел към това, което е добро за назиданието му."* Във Филипяни 4:8 пише: *"Най-после, братя, всичко, що е истинно, що е честно, що е праведно, що е любезно, що е благодатно – ако има нещо добродетелно, и ако има нещо похвално – това зачитайте."* По подобен начин, онези, които са добродетелни и щедри, ще правят всичко с почтителност и ще се грижат другите да се чувстват удобно.

На следващо място, кроткият човек показва действия на милосърдие и състрадание, имайки широко сърце.

Той не само помага на онези, които са зле финансово, но и на онези, които са духовно изтощени и слаби, като ги утешава и им показва милосърдие. Макар и да са кротки, трудно е да отдават аромата на Христос, ако тази кротост стои само в сърцата им.

Например, представете си, че една вярваща страда от преследвания заради вярата си. Църковните водачи изпитват състрадание и се молят за нея, ако разберат за това. Тези ръководители изпитват състрадание само в сърцата си. Други ръководители я насърчават и утешават лично и й помагат на дело и с действия, според ситуацията. Те я укрепват, за да й помогнат да се справи с вяра.

Ето защо, за човека, който има проблеми, е много различно да изпитваме състрадание в сърцето и да покажем реални дела. Кротостта дава милосърдие и живот на другите, когато е показана видимо с щедри действия. Следователно, когато в Библията е написано: *"Блажени кротките, защото те ще наследят земята"* (Матей 5:5), това е в тясна връзка с вярността, която е видима в резултат на добродетелна щедрост. Наследяването на земята е свързано с небесни награди. Обикновено, получаването на небесни награди е свързано с вярността. Когато получавате отличителна значка, почетна награда или възнаграждение за евангелизъм от църквата, това е резултат на Вашата вярност.

По подобен начин, кротките ще получат благословии, но това не идва само от кроткото сърце. Човек ще получи плода на вярността, когато изразява това кротко сърце с добродетелни и щедри дела. Тогава ще получи награди в резултат на това. По-конкретно, ще наследите земята на Небето, когато приемете и прегърнете много души с щедрост, когато ги утешите, насърчите и им дадете живот.

Да получим плода на кротостта

Как да получим плода на кротостта? В заключение, трябва да култивираме нашето сърце в сърце на добра почва.

> *"И говореше им много с притчи, казвайки: Ето, сеячът излезе да сее; и като сееше някои зърна паднаха край пътя: птиците дойдоха и ги изкълваха. А други паднаха на канаристите места, гдето нямаше много пръст; и твърде скоро поникнаха, защото нямаше дълбока почва; а като изгря слънцето, пригоряха, и понеже нямаха корен изсъхнаха. Други пък паднаха между тръните;*

тръните пораснаха и ги заглушиха. А други паднаха на добра земя, и дадоха плод, кое стократно, кое шестдесет, кое тридесет" (Матей 13:3-8).

В Матей, глава 13, сърцето ни е сравнено с четири различни видове почва. То може да бъде разделено на крайпътна почва, канариста почва, трънливо поле и добра почва.

Сърцето, което е сравнено с крайпътна почва, трябва да бъде освободено от своята самонадеяност и себелюбие.

Крайпътната почва е потъпкана и втвърдена и в нея не могат да се садят семена. Семената не пускат корени и ги изяждат птиците. Хората с такива сърца имат упорити съзнания. Те не са способни да отворят сърцата си за истината, да срещнат Бога, нито да притежават вяра.

Техните собствени знания и ценностни системи са така силно формирани, че не приемат Божието слово. Вярват силно в правотата си. Първо трябва да разрушат злото в сърцата си, за да се освободят от своята самонадеяност и стереотипи. Трудно е да отстраним нашата самонадеяност и стереотипи, ако запазим гордостта, арогантността, упоритостта и лицемерието. Тази порочност ще накара човека да има плътски мисли, които не му позволяват да вярва в Божието слово.

Например, хората, които са натрупали лицемерие в съзнанието си, не могат да не се съмняват, дори когато някой им казва истината. Римляни 8:7 гласи: *„Защото копнежът на* *плътта е враждебен на Бога, понеже не се покорява на Божия закон, нито пък може."* Както е записано, те не могат да кажат „Амин" на Божието слово, нито да му се подчиняват.

Някои хора са много упорити в началото, но след като получат благоволението и мислите им са променени, стават много старателни в тяхната вяра. Такъв е случаят, когато имат упорито съзнание, но нежни и кротки вътрешни сърца. Тези хора са различни от хората край пътя. Последните имат също закоравели сърца. Сърцето, което е втвърдено външно, но е кротко отвътре, може да се сравни с тънък слой лист, докато сърцето край пътя е като пълен басейн с вода, замръзнала до дъното.

Сърцето край пътя е втвърдено с неистини и злини от дълго време и не е лесно да бъде разчупено за кратък период. Човек трябва да се опитва да го разчупи отново и отново, за да го култивира. Винаги, когато Божието слово не съответства на мислите им, хората трябва да се запитат дали са правилни. Също така, трябва да извършват милостиви дела, за да може Бог да им даде благоволение.

Някои хора искат понякога да се моля за тях, за да имат вяра. Разбира се, жалко е, че нямат вяра, дори и след като видят Божията сила и слушат Божието слово, но е по-добре, отколкото да не се опитат изобщо. Близките и църковните лидери на хората край пътя трябва да се молят за тях и да ги ръководят, но е нужно и те самите да полагат усилия. Така, след известно време, семето на Словото ще покълне в сърцата им.

Сърцето, сравнено с канариста почва, трябва да отхвърли любовта към света.

Семената, посяти в канариста почва, ще поникнат, но няма да израснат добре заради скалите. По същия начин, онези, чиито сърца са като скалиста почва, скоро загиват, когато настъпят изпитания, преследвания или изкушения.

Когато получат Божието благоволение, те чувстват сякаш наистина искат да живеят според Божието слово. Възможно е дори да изпитат огнените дела на Светия дух. С една дума, семето на Словото попада в сърцата им и израства. Въпреки това, дори и след като получат това благоволение, те имат противоречиви мисли дали да отидат на църква в следващата неделя. Определено са почувствали Светия дух, но започват да се колебаят дали не е било момент на емоционално вълнение. Започват да се съмняват и отново затварят вратата на сърцето си.

За други конфликтът може да е в това, че не са способни да изоставят своите хобита или други развлечения, с които се забавляват и не спазват свещен Божия ден. Те престават да посещават църквата, ако са преследвани от своите близки или от шефовете им в работата, докато водят живот, изпълнен с Духа и с вяра. Получават голямо благоволение и изглежда водят ревностен живот с вяра за известно време, но могат да се обидят и да напуснат, ако имат проблеми с други вярващи в църквата.

Каква тогава е причината, за да не пусне корени Словото? Това е заради „скалите", които се намират в сърцето. Плътта на сърцето е представена символично чрез „скали" и това са неистините, които възпрепятстват човека да спазва Словото. Сред множеството порочни неща, тези са толкова тежки, че не позволяват на семето на Словото да пусне корени. По-конкретно, плътта на сърцето е тази, която обича света.

Ако човек обича определен вид светско развлечение, за него е трудно да спазва Словото, което гласи „Пази свещен неделния ден." Също така, онези, които имат скалата на алчността в сърцето си, не посещават църквата, защото мразят да отдават десятък и да отдават дарения на Бога. Някои хора имат скалите на омраза в сърцето си и словото на любовта не може да пусне корени.

Сред онези, които посещават църквата, има някои със скалисто поле на сърцето си. Например, дори и да са родени и израснали в християнски семейства и да са научили Словото от детството си, те не живеят според Словото. Изпитали са Светия дух и понякога са получили благословии, но не отхвърлят своята любов към света. Докато слушат Словото, те мислят, че не трябва да продължават да живеят така, но после се прибират в къщи и се връщат към света. Животът им преминава на границата между Бога и света. Слушали са Словото и не могат да изоставят Бога, но все още имат много скали в сърцето си, които възпрепятстват Божието слово да пусне корени.

Също така, някои скалисти полета са само частично скалисти. Например, някои хора са предани, без да променят съзнанието си. Те също получават някои плодове. Въпреки това, имат омраза в сърцето и влизат в конфликти с другите по всички въпроси. Те също осъждат и критикуват, с което нарушават мира навсякъде. Поради тази причина, след толкова много години, те не получават плода на любовта или плода на кротостта. Други имат любезни и добри сърца. Те са внимателни и разбират другите, но не са предани. Лесно нарушават обещания и са безотговорни в много отношения. Ето защо, трябва да подобрят своите недостатъци, за да разорат полето на сърцето им в добра почва.

Какво трябва да направим, за да разорем едно скалисто поле?

Първо, трябва старателно да спазваме Словото. Един вярващ се опитва да спазва своите задължения в подчинение на Словото, което ни казва да бъдем предани, но това не се оказва толкова лесно.

Другите членове му служили, когато бил мирянин в църквата, но нямал звание или длъжност. На тази длъжност сега трябва да служи на другите миряни. Той се старае много, но страда, когато работи с някой, който не е съгласен с него. Негативните му чувства като огорчение и разгневеност произхождат от сърцето му. Той постепенно загубва пълнотата на Духа и дори се замисля да изостави задълженията си.

Тогава тези негативни чувства са скалите, които трябва да отстрани от полето на своето сърце. Тези негативни чувства произлизат от голямата скала, наречена „омраза." Когато се опитва да спазва Словото, да бъде „предан", той се сблъсква със скалата, наречена „омраза." Когато я открие, той трябва да атакува тази скала, наречена „омраза" и да я отстрани. Само тогава може да спазва Словото, което ни казва да обичаме и да имаме мир. Освен това, той не трябва просто да се откаже, защото е трудно, а да продължи да спазва задълженията си дори по-старателно и да ги изпълнява по-ревностно. По този начин, може да стане кротък служител.

На второ място, трябва да се молим ревностно, докато спазваме Божието слово. Когато дъждът падне на полето, то ще стане мокро и меко. Това е подходящо време за отстраняване на скалите. По подобен начин, когато се молим, ще бъдем изпълнени със Светия дух и сърцето ни ще стане меко. Не трябва да пропускаме тази възможност, когато сме изпълнени със Светия дух чрез молитви. Трябва бързо да извадим корените. По-конкретно, веднага трябва да приложим на практика нещата, които не сме могли да спазваме преди. Когато продължаваме да правим това отново и отново, дори и големите скали, поставени дълбоко навътре, могат да бъдат разместени и извадени. Когато получим благоволението и силата, които Бог ни е дал отгоре и получим пълнотата на Светия дух, тогава ще отхвърлим греховете и злините, които не сме били способни да отхвърлим с нашата собствена сила на волята.

Трънливото поле не ражда плодове, заради тревогите на света и измамливостта на богатствата.

Семената, посяти на тръливи места, ще поникнат и ще пораснат, но няма да родят никакъв плод заради тръните. По подобен начин, онези, чиито сърца са като тръливи полета, вярват и се опитват да спазват даденото Слово, но не могат да приложат Словото изцяло на практика. Това е, защото имат тревоги на света и измамливости на богатствата, което е алчността за пари, слава и власт. Поради тази причина, те живеят в нещастия и изпитания.

Такива хора имат постоянни тревоги за физически неща, като домакински работи, техния бизнес или утрешната им работа, дори и да ходят на църква. Би трябвало да получат утеха и нови сили, докато посещават службата в църквата, но имат само нарастващи притеснения и грижи. Тогава, въпреки че прекарват толкова много недели в църквата, не са способни да опитат истинската радост и мир от спазването на свещения ден на Бога. Ако спазват святи неделните дни, душите им ще просперирит и ще получат духовни и материални благословии. Но те не са способни да получат такива благословии. Ето защо, трябва да отстранят тръните и да прилагат правилно Божието слово, за да имат добра почва на сърцето.

Как да разорем полето от тръни?

Трябва да изкореним тръните. Тръните символизират плътски мисли. Техните корени символизират зли и плътски неща на сърцето. По-конкретно, злите и плътски качества в сърцето са източник на плътски мисли. Ако клоните просто бъдат отрязани от трънливите храсти, те ще пораснат отново. По подобен начин, дори и да се стараем да нямаме плътски мисли, ние няма да ги спрем, докато имаме зло в сърцата. Трябва да изтръгнем с корените плътта от сърцето.

Ще отхвърлим в значителна степен плътта от сърцето си, ако изтръгнем корените, наречени алчност и арогантност. Ще бъдем обвързани със света и ще се тревожим за светски неща, защото имаме алчност за плътски неща. Тогава винаги мислим за нашата полза и следваме собствения ни път, дори и да казваме, че живеем според Божието слово. Не можем да се подчиняваме изцяло, ако имаме арогантност. Използваме нашата плътска мъдрост и физическите ни мисли, защото считаме, че сме способни да направим нещо. Следователно, първо трябва да изтръгнем корените, наречени алчност и арогантност.

Култивиране на добра почва

Когато семената са посяти в добра почва, те поникват и израстват, за да родят плодове 30, 60, или 100 пъти повече. Онези, които имат такива полета на сърцето, нямат самонадеяност и стереотипи, като онези, които имат сърца край пътя. Те нямат скали или тръни и спазват Божието слово само с "Да" и "Амин." По този начин, могат да получат обилни плодове.

Разбира се, трудно е да се различат ясно почвите край пътя, скалистите почви, полетата с тръни и добрата почва на човешкото сърце, сякаш ги анализираме с определена мярка. Възможно е сърцето край пътя да съдържа скалиста почва. Дори добрата почва може да съдържа някои неистини, които са като скали в процеса на израстване. Независимо от вида на полето, способни сме да го превърнем в добра почва, ако старателно го разораваме. По подобен начин, по-важното е колко старателно разораваме полето, отколкото какъв вид сърце имаме.

Дори много твърда и безплодна почва ще бъде култивирана в поле с добра почва, ако фермерът я разорава много старателно. По подобен начин, полетата на човешките сърца ще бъдат променени с Божията сила. Дори втвърдените сърца като почвите край пътя, ще бъдат разорани с помощта на Светия дух.

Разбира се, получаването на Светия дух не означава непременно сърцата ни да се променят автоматично. Трябва и ние да положим усилия. Трябва да се опитваме да се молим страстно, да мислим винаги в истината във всичко и да практикуваме вярата. Не трябва да се отказваме, след като сме опитвали няколко седмици или дори няколко месеца, а да продължим да опитваме.

Бог взема предвид нашето усилие, преди да ни даде Неговото благоволение и иска и помощта на Светия дух. Ако ние помним какво трябва да променим и действително променим тези качества с милостта и силата на Бога и с помощта на Светия дух, тогава определено ще станем много различни след една година. Ще произнасяме добри думи, следвайки истината и мислите ни ще се променят с добри мисли, които принадлежат на истината.

Според степента, в която разорем полето на нашето сърце в добра почва, ще получим също и други плодове на Светия дух. По-конкретно, кротостта е тясно свързана с култивирането на полето на нашето сърце. Няма да имаме кротост, докато не изтръгнем различни неистини като лош нрав, омраза, завист, алчност, кавги, самохвалство и самонадеяност. Други души няма да намерят мир в нас.

Поради тази причина, кротостта е по-пряко свързана със светостта, отколкото други плодове на Светия дух. Ще получим бързо всичко, което искаме в молитвата, като добра почва, която ражда плодове, ако култивираме духовна кротост. Ще бъдем способни също да чуем ясно гласа на Светия дух, за да бъдем ръководени по успешни начини във всички неща.

Благословии за кротките

Не е лесно да се ръководи компания, която има стотици служители. Дори и да сте избрани за ръководител на група чрез избори, не е лесно да ръководите цялата група. За да обедини толкова много хора и да ги ръководи, човек трябва да може да спечели сърцата на хората чрез духовна кротост.

Разбира се, хората следват онези, които имат сила или онези, които са богати и изглежда помагат на нуждаещите се на този свят. Една корейска поговорка гласи: „Когато умре кучето на пастора, има много опечалени, когато умре самият пастор, няма опечалени." Както в тази поговорка, ще открием дали наистина един човек е бил щедър, след като загуби своята сила и богатство. Когато човек е богат и могъщ, хората го следват, но е трудно да се намери някой, който да остане с него до края, дори и да е загубил цялата си сила и богатство.

Въпреки това, добродетелният и щедър човек е следван от много хора, дори и да загуби своята сила и богатство. Те го следват не за парична облага, а да намерят мир в него.

Дори и в църквата, някои вярващи казват, че е трудно, защото не са способни да приемат и да прегърнат неколцина членове в групата. Ако те искат да има изцеление в групата, първо трябва да култивират кротко сърце, което е меко като памук. След това, членовете ще намерят мир в своите лидери, радвайки се на мир и щастие и изцелението ще последва автоматично. Пасторите и духовниците трябва да са много кротки и да приемат много души.

Има благословии, отдадени на кротките. Матей 5:5 гласи: *„Блажени кротките, защото те ще наследят земята."* Както беше споменато по-рано, да наследим земята не означава, че ще получим земя тук, на този свят. Това означава, че ще получим земя на небето, според степента, в която сме култивирали духовна кротост в сърцето. Ще получим голяма, просторна къща на небето, за да поканим всички души, които намират мир в нас.

Да притежаваме такова голямо обиталище на Небето означава също да заемаме много почетна позиция. Дори и да имаме такъв голям терен на Земята, ние не можем да го вземем на Небето. Земята, която получим на Небето, чрез култивиране на кротко сърце, ще бъде нашето наследство, което няма да изчезне завинаги. Ще се радваме на вечно щастие на нашето място, заедно с Господ и нашите любими.

Ето защо, надявам се старателно да разоравате Вашето сърце, за да получите красивия плод на кротостта, за да наследите голямо парче земя, като Ваше наследство на небесното царство, подобно на това на Моисей.

1 Коринтяни 9:25

„И всеки, който се подвизава,

се въздържа от всичко.

Те вършат това за да получат тленен венец,

а ние нетленен."

Против такива неща няма закон

Глава 10

Себеобуздание

Себеобузданието е необходимо във всички аспекти от живота
Себеобузданието е основно за Божите деца
Себеобузданието усъвършенства плодовете на Светия дух
Доказателства, че е роден плодът на себеобуздание
Ако искате да получите плода на себеобуздание

Себеобуздание

Маратонът е надбягване от 42.195 км (26 мили и 385 ярда). Участниците трябва добре да контролират бягането, за да стигнат до финала. Това не е надбягване на кратко разстояние, което завършва бързо, затова не трябва да тичат на пълна скорост. Те трябва да поддържат много умерен ход през цялото надбягване и когато стигнат до определено място, да положат последни усилия.

Същият принцип се отнася за нашия живот. Трябва да сме постоянно предани до края в нашето надбягване във вярата и да спечелим битката против себе си, за да победим. Освен това, онези, които искат да получат корони от слава на небесното царство, трябва да упражняват себеобуздание във всички неща.

Себеобузданието е необходимо във всички аспекти от живота

Видно е на този свят, че онези, които нямат себеобуздание, правят живота си сложен и си причиняват трудности. Например, ако родителите дават прекалено много любов на сина си, защото е едно дете, много е вероятно да бъде разглезен. Също така, макар и да знаят, че трябва да ръководят и да се грижат за своите семейства, пристрастените към хазарт или към други форми на удоволствие, развалят своите семейства, защото не се контролират. Те казват: „Това е за последен път. Няма повече да го правя", но този „последен път" продължава и се повтаря отново и отново.

В известната китайска историческа новела *Роман за*

трите царства, Зханг Фей е изпълнен с обич и смелост, но е избухлив и агресивен. Лиу Бей и Гуан Ю, които се заклеват в братство с него, винаги се тревожат, че той може да направи грешка във всеки момент. Зханг Фей получава много съвети, но не е способен наистина да промени характера си. Накрая има неприятности заради лошия си нрав. Той бие и бичува подчинените си, които не отговарят на очакванията му. Двама мъже, които считали, че били несправедливо наказани, изпитвали неприязън към него, убили го и се предали на вражеския лагер.

По подобен начин, хората, които не контролират нервите си, нараняват чувствата на другите в дома и на работното място. За тях е лесно да създават враждебност между себе си и околните и така не са способни да имат успешен живот. Мъдрите хора ще поемат вината върху себе си и ще понесат останалите, дори и когато ги провокират. Дори и когато някой прави големи грешки, те контролират нрава си и разчувстват сърцето му с утешителни думи. Такива действия са мъдри прояви, които печелят сърцата на много хора и позволяват да благоденстват.

Себеобузданието е основно за Божите деца

Най-вече, ние, като Божи деца, се нуждаем от себеобуздание, за да отхвърлим греховете. Колкото по-малко себеобуздание имаме, по-трудно ни е да отхвърлим греховете. Когато слушаме Божието слово и получим Божието благоволение, ние решаваме да се променим, но е възможно отново да бъдем изкушени от света.

Това е видно от думите, които излизат от устата ни. Много хора се молят, за да направят устата си свята и съвършена. Въпреки това, в живота си забравят за какво се молят и говорят просто, каквото искат, според старите навици. Някои хора веднага мърморят или се оплакват, когато се случи нещо, което не разбират, защото противоречи на техните мисли и вярвания.

Те съжаляват, че се оплакват, но не са способни да контролират себе си, когато са развълнувани. Също така, някои хора обичат да говорят толкова много, че не могат да спрат, след като са започнали. Те правят много грешки, защото не отличават думите на истината от тези на неистината, това, което трябва да кажат от това, което трябва да премълчат.

Ще разберем колко важно е себеобузданието като разберем този аспект за контролирането на нашите думи.

Себеобузданието усъвършенства плодовете на Светия дух

Плодът на себеобуздание, като един от плодовете на Светия дух, не се отнася само до контролирането ни от извършване на грехове. Себеобузданието като в един от плодовете на Светия дух, контролира други Негови плодове, за да станат съвършени. Поради тази причина, първият плод на Духа е любов, а последният е себеобуздание. Себеобузданието е сравнително по-малко забележимо от други плодове, но е много важно. Този плод контролира всичко, за да има стабилност, организация и конкретност. Той е споменат на последно място сред другите плодове на Духа, които могат да бъдат усъвършенствани чрез себеобуздание.

Например, макар и да имаме плода на радостта, не е удачно да изразяваме радостта ни навсякъде и по всяко време. Когато хората са опечалени на едно погребение, какво ще кажат за Вас, ако имате голяма усмивка на лицето си? Няма да помислят, че сте състрадателни, защото сте получили плода на радостта. Макар и радостта от получаването на спасение да е така голяма, трябва да я контролираме според ситуациите. По този начин ще я направим истински плод на Светия дух.

Важно е също да имаме себеобуздание, когато сме предани на Бога. По-специално, ако имате много задължения, трябва да разпределите времето си правилно, за да бъдете там, където трябва в подходящото време. Дори когато една среща е много приятна, трябва да я завършите навреме. По подобен начин, за да бъдем предани в целия дом на Бога, ние се нуждаем от плода на себеобуздание.

Същото е с всички други плодове на Светия дух, включително любов, милосърдие, милост и др. Когато плодовете, които се зараждат в сърцето, са представени на дела, трябва да следваме ръководството и гласа на Светия дух, за да бъде най-правилно. Удачно е да решим коя работа да извършим първо и коя – по-късно. Способни сме да определим дали трябва да преминем напред или да отстъпим. Правим това отличаване чрез плода на себеобуздание.

Ако някой е получил всички плодове на Светия дух изцяло, това означава, че следва във всичко желанията на Светия дух. Трябва да имаме плода на себеобуздание, за да следваме желанията на Светия дух и да действаме в съвършенство. Ето защо казваме, че всички плодове на Светия дух са постигнати чрез плода на себеобузданието, последния плод.

Доказателства, че е роден плодът на себеобуздание

Когато други плодове на Светия дух в сърцето са показани външно, плодът на себеобузданието става като арбитражен център, който дава хармония и ред. Дори когато вземаме нещо добро в Господ, невинаги е най-добре да вземем всичко, което можем. Казваме, че е по-добре нещо да ни липсва, отколкото да имаме в излишък. В духовен смисъл също трябва да правим всичко умерено, следвайки желанията на Светия дух.

Нека сега обясня как плодът на себеобузданието се разкрива подробно.

Първо, ще следваме йерархичния ред във всички неща.

Разбирайки нашата позиция в реда, ще открием кога трябва да действаме или не и думите, които трябва или не трябва да изговорим. Тогава няма да има никакви спорове, кавги или недоразумения. Също така, ние не правим нищо неуместно или неща, които излизат извън границите на нашата позиция. Например, представете си, че ръководителят на една мисионерска група е помолил администратора да извърши определена работа. Този администратор е изпълнен с ентусиазъм и чувства, че има по-добра идея, затова променя някои неща по собствено усмотрение и върши работата подобаващо. След това, макар и да работи с толкова ентусиазъм, той не спазва реда, променяйки нещата, поради липса на себеобуздание.

Бог ни оценява високо, когато спазваме реда според различните позиции в мисионерските групи на църквата, като президент, вицепрезидент, администратор, секретар или касиер. Нашите лидери имат различни начини за извършване на нещата от нас самите. Тогава, дори и нашите собствени пътища да изглеждат много по-добри и да е вероятно да родят повече плодове, няма да получим добри плодове, ако са нарушени редът и мирът. Сатаната винаги се намесва, когато мирът е нарушен и Божието дело ще бъде възпрепятствано. Освен ако нещо не е напълно нередно, трябва да мислим за цялата група и да се подчиняваме и да търсим мир според реда, за да се направи всичко красиво.

На второ място, следва да вземем под внимание съдържанието, графика и местоположението, дори когато правим нещо добро.

Например, да викаме в молитвите е нещо добро, но ако викате на произволно място и недискретно, това ще опозори Бога. Също така, трябва да отличавате думите, които произнасяте, когато проповядвате евангелието или посещавате членовете, за да предложите духовно ръководство.

Дори и да разбирате някои дълбоки духовни неща, не е удобно да ги кажете на всички. Ако предадете нещо, което не отговаря на мярката на вярата на слушателя, това ще накара този човек да се препъне или да осъжда и критикува.

В някои случаи, един човек предава своето свидетелство или това, което е разбрал духовно на хора, които са заети с други дела. Дори и съдържанието да е много добро, той не може наистина да поучава другите, освен ако не е предадено в подходяща ситуация. Дори и другите да го слушат, за да не го обидят, възможно е да не обърнат внимание на свидетелството му, защото са заети и нервни. Нека Ви дам друг пример. Какво ще стане, ако цяла енория или група от хора се среща с мен за консултация и един човек говори непрестанно за своите свидетелства? Този човек възхвалява Бога, защото е изпълнен с милосърдие и с Духа. В резултат на това обаче, той използва цялото време, посветено на групата. Това се дължи на липсата на себеобуздание. Дори и да правите нещо много добро, трябва да вземете предвид всички ситуации и да имате себеобуздание.

На трето място, ние не сме нетърпеливи или забързани, а спокойни, за да действаме с прозорливост във всякаква ситуация.

Хората, които нямат себеобуздание, са нетърпеливи и незаинтересовани за другите. Тъй като бързат, те имат по-малка проницателност и пропускат някои важни неща. Прибързано осъждат и критикуват, което причинява неудобство в другите. Хората, които са нетърпеливи, когато слушат или отговарят на другите, правят много грешки. Не трябва нетърпеливо да прекъсваме, докато говори другият. Трябва да слушаме внимателно до край, за да избегнем прибързани заключения. Освен това, по този начин можем да разберем намерението на този човек и да действаме подобаващо.

Преди да получи Светия дух, Петър бил нетърпелив и приказлив. Той се опитвал отчаяно да се контролира пред Исус, но въпреки това, понякога характерът му се разкривал. Когато Исус казал на Петър, че щял да се отрече от Него преди разпъването на кръста, Петър веднага отрекъл, казвайки, че никога нямало да се отрече от Господ.

Ако Петър притежавал плода на себеобузданието, той нямало просто да не се съгласи с Исус, а щял да се опита да намери верния отговор. Ако знаел, че Исус бил Синът на Бога и никога нямало да направи нещо безсмислено, той щял да запомни думите на Исус. По този начин щял да бъде достатъчно внимателен, за да не се случи. Правилното отличаване, което ни позволява да действаме подобаващо, произлиза от себеобуздание.

Евреите били много горди. Те били толкова горди, че спазвали строго Божия закон. Исус порицал Фарисеите и Садукеите, които били политически и религиозни лидери и те не изпитвали положителни чувства към Него. По-конкретно, счели за богохулство думите Му, че е Син на Бога. По онова време наближавал празникът Сукот. Когато узрявали плодовете, те издигали временни колиби в памет на Изхода и да благодарят на Бога. Хората обикновено отивали в Ерусалим, за да отпразнуват празника.

Въпреки това, Исус не отишъл в Ерусалим, въпреки че наближавал празникът и братята Му Го подтиквали да замине, да покаже чудеса и да разкрие Себе си, за да получи подкрепата на хората (Йоан 7:3-5). Те казали: *„Защото никой, като иска сам да бъде известен, не върши нещо скришно"* (стих 4). Дори и нещо да изглежда много основателно, то не е свързано с Бог, ако не съответства на волята Му. Заради своите собствени мисли, дори братята на Исус считали, че не било редно, когато Го видяли да очаква времето Си спокойно.

Ако нямал себеобуздание, Исус веднага щял да отиде в Ерусалим, за да разкрие Себе Си. Той не бил разколебан от думите на братята Му. Само чакал да настъпи подходящото време и да бъде разкрито Божието провидение. След това отишъл в Ерусалим, незабелязан от хората, след като всички братя отишли там. Действал според Божията воля, знаейки точно кога да отиде и кога да остане.

Ако искате да получите плода на себеобуздание

Когато говорим с другите, много често техните думи и вътрешните им сърца са различни. Някои се опитват да разкрият грешките на другите, за да прикрият собствените си грешки. Възможно е да искат нещо, за да задоволят собствената си алчност, но правят това сякаш изразяват молбата на някой друг. Привидно задават въпрос, за да разберат Божията воля, но всъщност се опитват да получат отговора, който искат. Ако говорите спокойно с тях, накрая се разкрива сърцето им.

Хората, които имат себеобуздание, не се разколебават лесно от думите на другите. Те спокойно слушат и отличават истината чрез делата на Светия дух. Ще намалят много грешки, причинени от погрешни решения, ако отличават със себеобуздание. По този начин ще притежават властта и контрола върху думите им, за да имат по-голямо въздействие върху другите. Как да получим този важен плод на себеобуздание?

Първо, трябва да имаме неизменни сърца.

Трябва да имаме праведни сърца, без лицемерие или измама. Тогава ще имаме силата да направим това, което решим. Разбира се, няма да култивираме такъв вид сърце за един ден. Трябва да продължим да се обучаваме, започвайки с подчинение на сърцата ни за дребни неща.

Имало един учител с неговите ученици. Веднъж те минавали покрай един пазар и някои от продавачите започнали да спорят с тях. Учениците се ядосали и отговорили, но учителят останал спокоен. След като се върнали от пазара, той извадил от шкафа купчина писма. Писмата съдържали сериозни, но неоснователни критики към него и той ги показал на своите ученици.

Той казал: „Невъзможно е да предотвратя да бъда разбран погрешно, но не ме е грижа за това. Няма как да избегна първите цинични думи, които ми идват на ум, но мога да избегна глупостта да направя втория цинизъм."

Тук, първият цинизъм е да станеш обект на приказки от други хора. Вторият цинизъм е да имаме негативни чувства и да участваме в спорове и кавги заради тези приказки.

Ако имаме сърце, подобно на сърцето на този учител, няма да бъдем разколебани в никакви ситуации. Вместо това ще бъдем спокойни в сърцата си и животът ни ще бъде спокоен. Онези, които са спокойни в сърцата си, са способни да се контролират във всичко. Бог ще има доверие в нас и ще ни обича според степента, в която отхвърлим всички видове злини, като омраза, ревност и завист.

Нещата, които моите родители ме научиха в детството, ми помогнаха много в моето пасторално духовенство. Докато се учех как да говоря, да вървя и да се държа правилно, аз се научих да запазвам мир и да се контролирам. След като вземем решение, трябва да го спазваме и да не го променяме заради собствената ни полза. Стараейки се по този начин, накрая ще имаме неизменно сърце и ще постигнем силата на себеобузданието.

На следващо място, трябва да се научим да слушаме желанията на Светия дух, преди собственото ни мнение.

Според степента, в която научим Божието слово, Светият дух ни позволява да чуем Неговия глас чрез Словото, което сме научили. Дори и да сме погрешно обвинени, Светият дух ни казва да простим и да обичаме. Възможно е да помислим: „Този човек сигурно има причина, за да се държи така. Ще се опитам да поправя недоразумението, разсъждавайки с него по приятелски начин." Въпреки това, ако сърцето ни е изпълнено с повече неистини, ще чуем първо гласа на Сатаната. „Ако го оставя на мира, той ще продължи да ме пренебрегва. Трябва да му дам урок." Дори и да чуваме гласа на Светия дух, ще го пропуснем, защото е прекалено слаб в сравнение с объркващите порочни мисли.

Следователно, ще чуем гласа на Светия дух, когато старателно отхвърлим неистините, които са в сърцата ни и спазваме Божието слово. Ще бъдем способни да чуваме повече гласа на Светия дух, ако се подчиняваме дори на слабия Му глас. Трябва да се стремим да слушаме първо гласа на Светия дух, вместо това, което считаме, че е по-спешно и добро. След това, когато слушаме Неговия глас и получим Неговия призив, трябва да Му се подчиняваме и да го прилагаме в практиката. Когато се научим да обръщаме внимание и да се подчиняваме на желанията на Светия дух винаги, ще бъдем способни да отличим дори слабия глас на Светия дух. Тогава ще имаме хармония във всички неща.

В известен смисъл изглежда, че себеобузданието е най-маловажен сред всичките девет плодове на Светия дух. Въпреки това, той е необходим във всички области на плодовете. Себеобузданието контролира всички други осем плода на Светия дух: любов, радост, мир, търпение, благост, милост, вярност и кротост. Освен това, последният плод на себеобузданието е важен, защото всички други осем плодове ще бъдат постигнати изцяло само с него.

Всеки от тези плодове на Светия дух е по-ценен и по-красив от всички скъпоценни камъни на този свят. Ще получим всичко, което искаме в молитва и ще успеем във всички неща, ако получим плодовете на Светия дух. Ще разкрием също Божията слава, показвайки силата и властта на Светлината на този свят. Надявам се да желаете и да притежавате плодовете на Светия дух повече от всяко съкровище на света.

Галатяни 5:22-23

„А плодът на Духа е

любов, радост, мир, дълготърпение,

благост, милост, милосърдие, вярност, кротост,

себеобуздание;

против такива неща няма закон."

Глава 11

Против такива неща няма закон

Защото сте призовани за свобода

Вървете с Духа

Първият от деветте плодове е любов

Против такива неща няма закон

Против такива неща няма закон

Апостол Павел бил Евреин на Евреите и отивал в Дамаск, за да арестува християните. Въпреки това, по своя път срещнал Господ и се разкаял. Той не осъзнал истината в евангелието, в което човек се спасява чрез вярата в Исус Христос, но след като получил подаръка на Светия дух, започнал да ръководи евангелизма на езичниците с ръководството на Духа.

Деветте плодове на Светия дух са записани в глава 5 на книгата Галатяни, която е едно от неговите послания. Ако разберем ситуациите по онова време, ще разберем причината защо Павел написал Галатяни и колко важно е за християните да получат плода на Духа.

Защото сте призовани за свобода

По време на своето първо мисионерско пътуване Павел отишъл в Галатия. В синагогата, той не проповядвал Закона на Моисей и обрязването, а само евангелието на Исус Христос. Думите му били потвърдени от последвалите знамения и много хора били спасени. Вярващите в църквата на Галатия го обичали толкова много, че били готови да си изтръгнат очите, за да ги дадат на Павел.

След като Павел завършил своето мисионерско пътуване и се върнал в Антиохия, в църквата възникнал проблем. Някои хора дошли от Юдея и считали, че езичниците трябвало да бъдат обрязани, за да получат спасение. Павел и Варнава имали голямо разногласие и спорили помежду си.

Братята решили, че Павел, Варнава и някои други

трябвало да отидат в Ерусалим при апостолите и старейшините относно този въпрос. Те изпитвали необходимост да стигнат до определен извод за Закона на Моисей, докато проповядвали евангелието на езичниците в църквите на Антиохия и Галатия.

Деяния, глава 15 описва ситуациите преди и след Съвета в Ерусалим и от тях разбираме колко сериозно било положението по онова време. Апостолите, които били ученици на Исус, старейшините и църковните представители се събрали и имали разгорещени дискусии, след което заключили, че езичниците трябвало да се въздържат от оскверненията чрез идоли, чрез блудство и чрез ядене удавено в кръв.

Изпратили хора в Антиохия, за да предадат официалното писмо, съдържащо заключението на Съвета, тъй като Антиохия била централното място на евангелизма на езичниците. Дали известна свобода на езичниците в спазването на Закона на Моисей, защото щяло да бъде много трудно за тях да спазват Закона като евреите. По този начин, всеки езичник щял да получи спасение чрез вярата в Исус Христос.

Деяния 15:28-29 гласи: *„Защото се видя добре на Светия Дух и на нас да ви не налагаме никоя друга тегота, освен следните необходими неща: да се въздържате от ядене идоложертвено, кръв и удавено, тоже и от блудство; от които ако се пазите, добре ще ви бъде. Здравейте."*

Заключението на Съвета на Ерусалим било предадено на църквите, но онези, които не разбрали истината на евангелието и пътя на кръста продължили да учат в църквите, че вярващите трябвало да спазват Закона на Моисей. Някои лъжепророци също влезли в църквата и възмутили вярващите, критикувайки апостол Павел, който не проповядвал Закона.

Когато такъв инцидент се случил в църквата на Галатия, апостол Павел обяснил в своето писмо истинската свобода на християните. Казвайки, че спазвал Закона на Моисей много строго, но станал апостол на езичниците след срещата с Господ, той ги учил за истината на евангелието: *"Това само желая да науча от вас: чрез дела, изисквани от закона ли получихте Духа, или чрез вяра в евангелското послание? Толкоз ли сте несмислени, че, като почнахте в Духа, сега се усъвършенствувате в плът? Напусто ли толкоз страдахте? Ако наистина е напусто! Прочее, Тоя, който ви дава Духа и върши велики дела между вас, чрез дела, изисквани от закона ли върши това, или чрез вяра в посланието?"* (Галатяни 3:2-5).

Той заявил, че проповядването от него евангелие на Исус Христос било истина, защото представлявало откровение от Бога и езичниците не трябвало да обрязат телата си, защото по-важното било да обрежат сърцата си. Той ги учил също за желанията на плътта и за желанията на Светия дух, за делата на плътта и за плодовете на Светия дух. Целта била да разберат как трябвало да използват своята свобода, която получили с истината на евангелието.

Вървете с Духа

Каква е причината, заради която Бог дал Закона на Моисей? Причината е, че хората били лоши и не разпознавали греховете като такива. Бог им позволил да разберат греховете, да разрешат проблема с тях и да постигнат Неговата праведност. Въпреки това, проблемът с греховете но можел да се реши напълно чрез делата на Закона и поради тази причина, Бог позволил на хората да постигнат Неговата праведност чрез вярата в Исус Христос. Галатяни 3:13-14 гласи: *„Христос ни изкупи от проклетията на закона, като стана проклет за нас; защото е писано: 'Проклет всеки, който виси на дърво'; така щото благословението, дадено на Авраама, да дойде чрез Христа Исуса на езичниците, за да приемем обещания Дух чрез вяра."*

Това не означава, че Законът бил отменен. Исус казал в Матей: 5:17: *„Да не мислите, че съм дошъл да разруша закона или пророците; не съм дошъл да разруша, но да изпълня"* и в следващия стих 20 пише: *„Защото казвам ви, че ако вашата правда не надмине правдата на книжниците и фарисеите, никак няма да влезете в небесното царство."*

Апостол Павел казал на вярващите в Галатянската църква: *„Дечица мои, за които съм пак в родилни болки докато се изобрази Христос във вас"* (Галатяни 4:19) и в заключени ги посъветвал с думите: *„Защото вие, братя, на свобода бяхте призовани; само не употребявайте свободата си като повод за угаждане на плътта, но с любов служете си един на друг. Защото целият закон се изпълнява в една дума, сиреч, в тая 'Да обичаш ближния си както себе си.' Но ако* *се хапете и се ядете един друг, пазете се да не би един друг да се изтребите"* (Галатяни 5:13-15).

Какво трябва да направим като деца на Бога, които са получили Светия дух, за да служим един на друг с любов, докато Исус се формира в нас? Трябва да говорим чрез Светия дух, за да нямаме желания на плътта. Ще бъдем способни да обичаме ближните си и да имаме формата на Исус в нас, ако получим деветте плодове на Светия дух чрез Неговото ръководство.

Исус Христос получил проклятието на Закона и умрял на кръста, въпреки че бил невинен и чрез Него сме добили свобода. Трябва да получим плодовете на Духа, за да не станем отново роби на греха.

Няма да наследим Божието царство, ако съгрешаваме отново с тази свобода и разпънем Господ на кръста повторно, извършвайки делата на плътта. От друга страна, Бог ще ни защитава така, че врагът дявол и Сатаната да не ни причинят вреда, ако получим плода на Духа, вървейки в Него. Впоследствие ще получим всичко, което искаме в молитва.

> *„Възлюбени, ако нашето сърце не ни осъжда, имаме дръзновение спрямо Бога: и каквото и да поискаме, получаваме от Него, защото пазим заповедите Му и вършим това що е угодно пред Него. И Неговата заповед е това: да вярваме в името на Сина Му Исуса Христа, и да любим един другиго, както ни е заповядал"* (1 Йоаново 3:21-23).

„Знаем, че всеки роден от Бога не съгрешава; но оня, който се е родил от Бога, пази себе си, и лукавият не се докосва до него" (1 Йоаново 5:18).

Ще получим плода на Духа и ще се радваме на истинска свобода като християни, когато имаме вярата да вървим в Духа и вярата, действаща чрез любов.

Първият от деветте плодове е любов

Първият от деветте плодове на Духа е любов. Любовта съгласно 1 Коринтяни 13 е любовта да култивираме духовна любов, докато любовта като един от плодовете на Светия дух е на по-високо равнище; това е безкрайна и безгранична любов, която изпълнява Закона. Това е любовта на Бог и на Исус Христос. Ако имаме тази любов, ще се пожертваме изцяло с помощта на Светия дух.

Ще получим плода на радостта според степента, в която култивираме тази любов, за да се радваме и да бъдем доволни във всякакви обстоятелства. По този начин няма да имаме проблем с никой и ще получим плода на мира.

Когато поддържаме мира с Бога, със себе си и с всеки друг, ние естествено ще получим плода на търпението. Търпението, което Бог иска е това, при което не се налага да търпим нищо, защото имаме съвършена милост и вяра. Ако имаме истинска любов, ще разберем и ще приемем всички хора, без да имаме негативни чувства. Следователно, няма да се налага да прощаваме или да понасяме в сърцата си.

Когато сме търпеливи с другите в милост, ще получим плода на кротостта. Ще бъдем способни да покажем кротост дори на хората, които не разбираме, ако сме търпеливи с милост. Ще разберем мнението им и ще ги приемем, дори и да правят неща, които изобщо не са приемливи.

Хората, които получат плода на кротостта, ще имат също милост. Ще считат другите за по-добри от себе си и ще гледат за интересите им, сякаш са техни собствени. Няма да спорят с никого и няма да повишават тон. Сърцето им ще бъде като това на Господ, който не пречупва смазана тръстика и не угася замъждял фитил. Ако получите този плод на милостта, няма да настоявате на собственото си мнение. Ще бъдете верни и благи в целия дом на Бога.

Благите хора не биха станали пречка за никого и имат мир с всички. Те притежават щедро сърце, затова не осъждат и не критикуват, а само разбират и приемат другите.

За да получите плодовете на любов, радост, мир, търпение, благост, милост, вярност и кротост, трябва да имате себеобузданост. Изобилието в Бога е добро, но Божите дела трябва да се постигнат в определен ред. Нуждаем се от себеобузданост, за да не превишим нищо, дори и да е хубаво. Когато следваме волята на Светия дух по този начин, Бог прави така, че всичко да действа заедно за добро.

Против такива неща няма закон

Помощникът, Светият дух, ръководи Божите деца към

истината, за да се радват на свобода и щастие. Истинската свобода е спасение от греховете и силата на Сатаната се опитва да ни възпрепятства в службата на Бога и воденето на щастлив живот. Това е също щастие от сближаването с Бога.

Както е записано в Римляни 8:2: *„Защото законът на животворящия Дух ме освободи в Христа Исуса от закона на греха и на смъртта"*, това е свободата, която ще постигнем само, когато вярваме в Исус Христос в сърцето си и вървим в Светлината. Тази свобода не може да бъде постигната с човешки сили. Тя никога няма да бъде постигната без Божието благоволение и е благословия, на която ще се радваме винаги, докато поддържаме вярата си.

Исус казал също в Йоан 8:32: *„...и ще познаете истината и истината ще ви направи свободни."* Свободата е истината и тя е неизменна. Тя става живот за нас и ни води към вечен живот. Няма истина в този тленен и променлив свят; само неизменното Божие слово е истината. Да знаем истината означава да научим Божието слово, да го помним и да го прилагаме в практиката.

Не винаги е лесно да се практикува истината. Хората имат неистини, които са научили преди да познаят Бога и тези неистини ги възпрепятстват да прилагат истината. Законът на плътта, който желае да следва неистината и законът на Духа на живота, който желае да следва истината, воюват помежду си (Галатяни 5:17). Това е война за спечелване на свободата на истината. Тази война ще продължи докато вярата ни укрепне и отстояваме на скала от вяра, която е непоклатима.

За нас е по-лесно да водим добрата битка, когато отстояваме на скала от вяра. Ще бъдем способни да се радваме на свободата на истината, когато отхвърлим всички злини и станем святи. Няма да се налага повече да водим добрата битка, защото ще спазваме само истината по всяко време. Никой не може да ни спре да имаме свобода на истината, ако получим плодовете на Светия дух с неговото ръководство.

Ето защо, в Галатяни 5:18 пише: *„Но ако се водите от Духа, не сте под закон"* и следните стихове 22-23 гласят: *„А плодът на Духа е: любов, радост, мир, дълготърпение, благост, милост, милосърдие, вярност, кротост, себеобуздание; против такива неща няма закон."*

Посланието за деветте плодове на Светия дух е като ключа за отваряне на портата на благословиите. Въпреки това, вратата на благословиите няма да се отвори, само защото имаме ключа. Ние трябва да пъхнем ключа в ключалката и да го завъртим и същото се отнася за Божието слово. Независимо колко много го слушаме, то все още не е изцяло наше. Ще получим благословиите, съдържащи се в Божието слово, само когато го прилагаме на практика.

Матей 7:21 гласи: *„Не всеки, който Ми казва: Господи! Господи! ще влезе в небесното царство, но който върши волята на Отца Ми, който е на небесата."* В Яков 1:25 пише: *„Но който вникне в съвършения закон на свободата и постоянствува, той, като не е разсеян слушател, но деятелен изпълнител, ще бъде блажен в дейността си."*

За да получим Божията любов и благословии, важно е да разберем какви са плодовете на Светия дух, да ги помним и действително да ги получим като спазваме Божието слово. Ще се радваме на истинска свобода в истината, ако получим плодовете на Светия дух изцяло, като спазваме истината напълно. Ще чуем ясно гласа на Светия дух и ще ни ръководи във всичките ни пътища, за да успяваме във всички отношения. Моля се в името на Господ да се радвате на големи почести, както тук на тази земя, така и в Новия Ерусалим, крайната ни дестинация на вярата.

Авторът:
Д-р Джейрок Лий

Д-р Джерок Лий е роден в Муан, провинция Джионам, република Корея, през 1943 година. На двадесет години д-р Лий започва да страда от различни нелечими болести и в продължение на седем години живее в очакване на смъртта, без надежда за оздравяване. Един ден, през пролетта на 1974 г., сестра му го завежда в една църква и когато той коленичи да се помоли, живият Бог незабавно го изцелява от всички болести.

От момента в който д-р Лий опознава живия Бог чрез това прекрасно преживяване, той започва да Го обича с цялото си сърце и душа и през 1978 година е призован да стане Божий служител. Моли се пламенно, за да може ясно да разбере и изпълни Божията воля и да се подчинява безпрекословно на Божието слово. През 1982 г. основава Централната църква Манмин в Сеул, Южна Корея, където започват да се извършват безброй Божии дела, включително чудотворни изцеления.

През 1986 г. д-р Лий е ръкоположен за пастор на годишната среща на Святата корейска църква на Исус, а четири години по-късно, през 1990 г., неговите проповеди започват да се излъчват в Австралия, Русия, Филипините и много други страни чрез далекоизточната радиопредавателна компания, азиатската радиостанция и вашингтонското християнско радио.

Три години по-късно, през 1993 г., Централната църква Манмин е избрана от списание Християнски свят (САЩ) като една от 50-те водещи световни църкви и той получава титлата почетен доктор по богословие от Християнския колеж във Флорида, САЩ. През 1996 г. д-р Лий защитава докторат по християнско духовенство от Теологичната семинария Кингсуей, Айова, САЩ.

От 1993 година д-р Лий заема водещо място в световното християнско духовенство чрез участието си в редица международни инициативи в Лос Анжелис, Балтимор и Ню Йорк (САЩ), Танзания, Аржентина, Уганда, Япония, Пакистан, Кения, Филипините, Хондурас, Индия, Русия, Германия, Перу и Демократична република Конго, а през 2002 г. е обявен за «световен пастор» от главните християнски вестници в Корея благодарение на своето участие в различни международни мисии.

От октомври, 2018 г. година паството на Централната църква Манмин наброява над 120 000 члена и 11 000 национални и чуждестранни църковни представителства в целия свят. Досега е изпратила повече от 102 мисионери във 23 страни, включително в САЩ, Русия, Германия, Канада, Япония, Китай, Франция, Индия, Кения и много други.

Досега д-р Лий е написал 111 книги, включително бестселърите „Опитване на Вечния Живот преди Смъртта", „Моят Живот, Моята Вяра I и II", „Посланието на Кръста", „Мярката на Вярата", „Небето I и II", „Адът" и „Божията Сила". Книгите му са преведени на повече от 76 езика.

Неговите християнски статии са публикувани в *The Hankook Ilbo, The Chosun Ilbo, The JoongAng Daily, The Dong-A Ilbo, The Seoul Shinmun, The Kyunghyang Shinmun, The Korea Economic Daily, The Shisa News* и *The Christian Press*.

Понастоящем Д-р Лий е ръководител на редица мисионерски организации и асоциации. Той е председател на Обединената света църква на Исус Христос, постоянен президент на Световната християнска асоциация за изцеление, основател и председател на съвета на Глобалната християнска мрежа (GCN), основател и председател на съвета на Световната мрежа на християнските лекари (WCDN) и основател и председател на съвета на Международната семинария Манмин (MIS).

Други силни книги от същия автор

Небето I & II

Подробна картина на красивата обител, на която се радват небесните жители и прекрасно описание на различните равнища на небесните царства.

Посланието на Кръста

Мощно пробуждащо послание за всички хора, които са духовно заспали! С тази книга ще разберете защо Христос е единственият Спасител и истинската Божия любов.

Ад

Ревностно послание за цялото човечество от Бога, който не иска нито една душа да попадне в Ада! Ще разкриете жестоката действителност на чистилището и ада, описана за първи път.

Дух, Душа и Тяло I & II

Ръководство за духовно разбиране на духа, душата и тялото, което ни помага да открием какъв вид „същност" сме изградили, за да добием силата да победим тъмнината и да станем хора на духа.

Мярката на Вярата

Каква обител, каква корона и какви награди са запазени за вас на небето? Тази книга дарява с мъдрост и ръководство, за да разберете вярата си и да я направите истинска и всеотдайна.

Пробуди се, Израел

Защо Бог не откъсва поглед от Израел от неговото създаване до наши дни? Какво е Божието провидение за Израел през последните дни, когато очаква Месията?

Моят Живот, Моята Вяра I & II

Силен духовен аромат, извлечен от живота, процъфтял с несравнима любов към Бога сред тъмни вълни, изпитания и дълбоко отчаяние.

Божията Сила

Задължително четиво, което ни ръководи, за да притежаваме истинска вяра и да изпитаме чудната сила на Бога.

---

www.urimbooks.com

www.ingramcontent.com/pod-product-compliance
Lightning Source LLC
LaVergne TN
LVHW041927070526
838199LV00051BA/2737